国際交流基金 日本語教授法シリーズ **13**

教え方を改善する

国際交流基金 著

JAPAN FOUNDATION　国際交流基金

国際交流基金 日本語教授法シリーズ
【全14巻】

 第 1 巻「日本語教師の役割／コースデザイン」

 第 2 巻「音声を教える」[CD-ROM付]

 第 3 巻「文字・語彙を教える」

 第 4 巻「文法を教える」

 第 5 巻「聞くことを教える」[CD付]

 第 6 巻「話すことを教える」

 第 7 巻「読むことを教える」

 第 8 巻「書くことを教える」

 第 9 巻「初級を教える」

 第10巻「中・上級を教える」

 第11巻「日本事情・日本文化を教える」

 第12巻「学習を評価する」

 第13巻「教え方を改善する」

 第14巻「教材開発」

■はじめに

　国際交流基金日本語国際センター（以下「センター」）では1989年の開設以来、海外の日本語教師のためにさまざまな研修を行ってきました。1992年には、その研修用教材として『外国人教師のための日本語教授法』を作成し、主に「海外日本語教師長期研修」の教授法の授業で使用してきました。しかし、時代の流れとともに、各国の日本語教育の状況が変化し、一方、日本語教授法に関する研究も発展したため、センターの研修の形や内容もさまざまに変化してきました。

　そこで、現在センターの研修で行われている教授法授業の内容を新たにまとめ直し、今後の研修に役立て、また広く国内外の日本語教育関係のみなさまにも利用していただけるように、この教授法シリーズを出版することにしました。この教材の主な対象は、海外で日本語教育を行っている日本語を母語としない日本語教師ですが、広くそのほかの日本語教育関係者や、改めて日本語教授法を独りで学習する方々にも役立てていただけるものと考えます。また、現在教師をしている方々を対象としていますが、日本語教育経験の浅い先生からベテランの先生まで、できるだけ多くのみなさまに利用していただけるよう工夫しました。

■この教授法シリーズの目的

　このシリーズでは、日本語を教えるための必要な基礎的知識を紹介するだけでなく、実際の教室で、その知識がどう生かせるのかを考えてもらうことを目的としています。
　国際交流基金日本語国際センターでは、教師の基本的な姿勢として、特に次の能力を育てることを目的として研修を行ってきました。その方針はこのシリーズの中でも基本的な考え方となっています。

1）自分で考える力を養う

　理論や知識を受身的に身につけるのではなく、自分で考え、理解して吸収する力を身につけることを目的とします。

2）客観性、柔軟性を養う

　自分のこれまでの方法、考え方にとらわれず、ほかの教師の意見や方法を知り、客観的に理解し、時には柔軟に受け入れることのできる教師を育てることをめざします。

3）現実を見つめる視点を養う

つねに現状や与えられた環境、自分の特性や能力を客観的に正確に把握し、自分の現場に合った適切な方法を見つける姿勢を育てることをめざします。

4）将来的にも自ら成長できる姿勢を養う

研修終了後もつねに自分自身で課題を見つけ、成長しつづける自己研修型の教師を育てることをめざします。

■この教授法シリーズの構成

このシリーズは、テーマごとに独立した巻になっています。どの巻からでも学習を始めることができます。各巻のテーマと概要は以下の通りです。

巻	テーマ	概要
第1巻	日本語教師の役割／コースデザイン	日本語を教えるうえでの全体的な問題をとりあげます。
第2巻	音声を教える	各項目に関する基礎的な知識の整理をし、具体的な教え方について考えます。
第3巻	文字・語彙を教える	
第4巻	文法を教える	
第5巻	聞くことを教える	
第6巻	話すことを教える	
第7巻	読むことを教える	
第8巻	書くことを教える	
第9巻	初級を教える	各レベルの教え方について、総合的に考えます。
第10巻	中・上級を教える	
第11巻	日本事情・日本文化を教える	
第12巻	学習を評価する	
第13巻	教え方を改善する	
第14巻	教材開発	

■この巻の目的

この巻では、「教え方の改善」を次のように考えます。
・今の教え方よりも効果的な教え方を考えて、それを実践する（＝実際に教える）こと

そのために、この巻では教師が自分の教え方をふり返って、問題や課題を解決するための新しい方法を取り入れ、その効果を確認することをすすめています。そして、教え方を改善するために必要なのは、(1) 日本語教育や学習理論など、関連する分野の新しい知識や技能を身につけることと、(2) 自分の教え方をふり返ることの2つであると考えています（図1 p.2 参照）。

この巻では、(2) の自分の教え方をふり返ることに焦点をあて、そのために、以下の方法を紹介しています。
① 自分の教え方と学習者の学び方に目を向ける（第1章〜第3章）
② 地域や社会の中での学習者や日本語教育の役割を考える（第1章、第4章）
③ 日本語教師としての自分のこれまでとこれからを考える（第1章、第4章）

さらにこの巻では、自分の教え方のふり返りを出発点にして、教え方の改善を自主的に、ほかの人と協力しながら、継続的に行っていくことが教師としての成長につながると考えます（図5 p.79 参照）。

■この巻の構成

1. 全体の構成

本書の構成は、以下のようになっています。

1.「教え方を改善する」とは？	教え方の改善の対象は、教える内容や技能、レベルに関するもの、学習者への対応などさまざまです。また、社会の変化や教師自身の経験が増えることによっても、新しい改善の必要性が見えてきます。そして、自分の教え方の何をどう改善するか考える前に、自分がどのような教師かを見てみます。

2. 教え方をふり返る	教え方を改善する前に、自分がどのような教え方をしているのかをふり返ります。1人で、または学習者やほかの教師の意見を聞いてふり返る5つの方法を紹介します。また、ふだん教えている授業の構成を確認することを通しても教え方をふり返ります。
3. 教え方を改善するための活動	教え方をふり返って発見した課題や問題を改善するために、形態の違う活動を4つ紹介します。読者がそれぞれの活動を理解しやすいように、活動の実例と質問を通して考えます。
4. 改善を広い視野でとらえる	教え方の改善のヒントを得るために、教室の外にも目を向けます。また、教師としての今までをふり返り、これから将来何をしたいか、どんな教師になりたいかを考えてみます。

2．各章の課題（【質問】と《課題》）

この巻の中の【質問】と《課題》は、次のような内容に分かれています。

 ふり返りましょう

自分自身の体験や教え方をふり返る

 考えましょう

この巻で紹介した考え方や方法などの実例についての質問に答える

 やってみましょう

教え方をふり返るための活動や改善のための活動を実際にやってみる

 **整理しましょう**

それまで学んできたことを整理してもう一度考える

　この巻で紹介している事例は、筆者らが海外で教えるノンネイティブ日本語教師を対象とした研修を通して得たさまざまな情報や経験をもとに作ったものです。しかし、海外だけでなく日本国内で教える教師にとっても、またノンネイティブ教師だけでなくネイティブ教師にとっても、自分の授業や教え方をふり返るための参考になるものだと思います。

この本を初めて出版したときから、社会環境が変わり、日本語教育の対象・内容・方法も広がり、変化してきました。その変化に合わせて、(1)、(2) の点に注意すると、みなさんそれぞれの日本語教育の現場に生かしていくことができます。

(1) この本では、インターネットやソーシャル・メディアを利用した方法にはあまり触れていませんが、例えば 2 (1) ③ (p.22〜25) で紹介した学習者アンケートはウェブ・アンケートで手軽に行えるようになっています。また、3-4 の教師の研修会もインターネットを利用して行うことも多くなりました。このようにメディアが変わっても、この本で示した考え方や方法を生かすことができます。

(2) この本で扱う初級の授業例では、第 9 巻『初級を教える』で示した文型学習を重視した教え方を取り上げています。例えば、次の部分です。
　・2-1 (2) p.34〜　C 先生の例
　・2-2 (1) p.38〜　P 先生が行った文型学習重視の 50 分の授業
　この本では取り上げていませんが、文法学習重視以外の、例えば課題遂行の力を高める Can-do 目標の授業や、文化の学習、異文化理解能力を育成する授業設計もあります。

目次

1 「教え方を改善する」とは 2
- 1-1.「教え方を改善する」とは 2
- 1-2. 社会の変化と日本語教育 5
- 1-3. 経験からの学び 8
- 1-4. 教師としての自分を知る 11
- 1-5. 問題の発見と改善の流れ 14

2 教え方をふり返る 18
- 2-1. いろいろな方法で教え方をふり返る 18
  - (1) 教え方をふり返る5つの方法
  - (2) 3人の教師の例
- 2-2. 授業をふり返る 37
  - (1) 授業の構成をふり返る
  - (2) 教案を使って授業をふり返る

3 教え方を改善するための活動 50
- 3-1. 1つの課題をみんなで考える 51
- 3-2. それぞれの課題をみんなで考えて改善する 53
- 3-3. 改善を研究につなげて発表する ―アクション・リサーチ― 59
- 3-4. みんなで学ぶ場を作る ―研修会やセミナー― 64

4 改善を広い視野でとらえる 72
- 4-1. 自分のネットワークに目を向ける 72
- 4-2. 改善の先にあるもの 74

解答・解説編 80

【引用・参考文献】 95

 「教え方を改善する」とは

1-1.「教え方を改善する」とは

　「教え方を改善する」とは、今の教え方よりも効果的な教え方を考えて実践する（＝実際に教える）ということです。教え方を改善するために必要なのは、(1) 日本語教育や学習について新しい知識や技能を学んで身につけることと、(2) 自分の教え方をふり返ることの2つにまとめられます。(1) はこのシリーズのほかの巻で扱っているので、この巻では、(2) を取り上げ、ふり返りの具体的な方法や教え方をふり返り、改善に結びつける流れを紹介していきます。

　教師は、自分の授業をふり返り、教え方を改善する経験をくり返しながら、成長していくものだと考えます。自分が考えたことや実際にやったことについて、あとでふり返って考えることを「内省」と言います。この巻を通して、みなさんが教え方を改善するための内省ができるようになり、教師として成長していくことを期待しています。

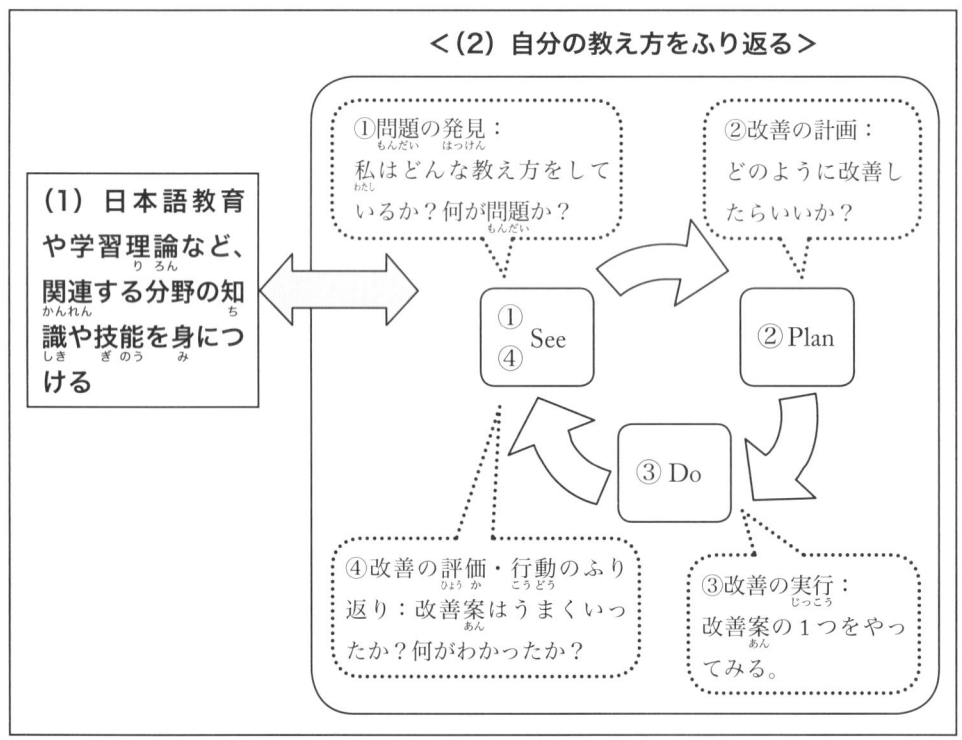

図1　教え方の改善

ふり返りましょう

教え方を改善したいと思うのはどのようなときでしょうか。教えていて困ったときや解決したい問題が出てきたときに、自分の教え方についてふり返り、教え方を改善したいと思うのではないでしょうか。

【質問1】
教師が実際に教えていて困っていることや解決したいと思う問題はさまざまです。次の①〜⑥は、教師がよくする質問の例です。みなさんも考えたことがある質問がありますか。

---

①学習者が小さい「っ」（促音）が言えなくて困っています。どうすればいいでしょうか。

②「は」と「が」を初級の学習者にどう説明したらいいのでしょうか。

③今までずっと初級だけ教えてきました。来年は中級も教えることになっています。初級と同じように教えればいいのでしょうか。

④学習者は、文法のテストはよくできますが、全然話せるようになりません。学習者がもっと話せるようになるにはどうしたらいいでしょうか。

⑤私の学校で使っている教科書にはテストがついていません。自分で作ろうと思いますが、どんなことに注意したらいいのでしょうか。

⑥教えはじめて3年、最近授業に新鮮さがなくなってきたような気がして、ちょっとつらいのです。

遠藤ほか（2007）『ブラジルで日本語を教える人の質問70』を利用して作成

---

①〜⑤はそれぞれ、発音、文法、レベル別の教え方、話す能力を伸ばす教え方、テストの作り方についての質問です。質問の答え、つまり問題の解決方法は、みなさんの学習者や教育環境によって違います。本シリーズのほかの巻を参考にして、解決方法を考えてみてください。①は第2巻『音声を教える』、②は第4巻『文法を教える』、③は第10巻『中・上級を教える』、④は第6巻『話すことを教える』、⑤は第12巻『学習を評価する』に、それぞれヒントになることが書いてあります。

質問⑥は、①から⑤の質問と少し違うことに気づいたでしょうか。この質問は、

問題になっていることが何かがはっきりしていないため、解決方法を考えることが難しいです。「授業に新鮮さがなくなってきたよう」だとありますが、具体的にどのようなことが問題なのかが、よくわかりません。たとえば、a)教師自身が同じことを教え続けているのにあきたのか、b)毎回同じような授業の進め方をしているので学習者がつまらなそうにしているのか、のような場合が考えられます。a)とb)では、問題解決の方法が違ってきます。⑥は、問題解決の方法を考えるために、a)やb)のように問題をとらえ直す必要がある問題だということです。

　このように、問題解決のための適切な方法を考えるには、まず、解決の方法が考えられるような問題かどうかを確かめることが必要です。具体的な解決方法が考えにくい問題の場合は、解決の方法が考えられるような問題としてとらえ直すことが必要です。また、解決の方法についても、1つだけでなくさまざまな観点から考えるようにします。こうしたことができるようになるには練習が必要です。この本で、より効果的に教えられるようになるために、問題をとらえ直したり、さまざまな観点から解決の方法を考えたりする練習をしましょう。

【質問2】
【質問1】には、教師自身に必要な知識や技能が足りないために起こる問題が取り上げられていました。では、教師の教え方に問題がなく、学習者が熱心に参加できる授業をしていれば、教え方を改善する必要はないでしょうか。自分の教え方に自信がある教師は、ずっと同じ教え方を続けていればいいでしょうか。

　今の学習者にとって効果的な教え方でも、学習者が変わるとそれほど効果的ではないこともあります。その場合は、教え方の改善が必要になります。異なる学習者に教えるという身近な変化だけでなく、社会の変化に伴う外国語教育に対する考え方や方法の変化も、教師が教え方を改善するきっかけになります。教師はその変化に対応して、知識を増やしたり新しい方法を取り入れたりすることが必要になるからです。

　また、つねに自分の授業について内省する教師であれば、経験を積むにしたがって、自分が問題だと思うことや、自分に足りないと思うことが変わっていきます。それで、すでに持っている知識や技能よりも、さらに深い、幅広い知識や技能を身につけたいと考えるようになります。教師として成長し熟達すると、どのようなことを問題だと考えるのか、どのように問題を解決しようと考えるのか、つまり、問題のとらえ方や解決方法に変化が起こります。

社会の変化が日本語教育にどのような影響を与えているか、教師としての経験の質や長さが問題意識にどのような影響を与えるか、みなさんの場合についてふり返ってみましょう。

1-2. 社会の変化と日本語教育

　国際化する社会の中で、世界中で日本語学習者の数が大きく増え、多様になりました。科学技術、特に情報通信技術の発達は、日本語教育にも大きな影響を与えています。さらに、学習や教育に関する研究が進み、教育の内容や方法にも変化が求められるようになりました。

 ふり返りましょう

　国際交流基金の日本語教育機関調査[注]によると、海外の日本語学習者は、1990年には約98万人でしたが、2015年には4倍弱の約365万人に増えています。特に、初中等教育機関で学ぶ学習者の割合が増えています。また、情報通信技術の発達や国を越えて移動する人も多くなったことから、外国が身近に感じられるようになりました。そのため、日本語学習の目的も、日本の大学や大学院への留学、日系企業への就職のためといった実利的なものだけでなく、日本と日本語に対する興味・関心、異文化理解やコミュニケーション、日本での生活のためというように多様になっています。

　日本語学習の目的に日本文化理解やコミュニケーションが挙げられるようになるのに合わせて、教科書も言語知識の学習中心から、運用力の養成を考えたものへと変わっています。カセットテープからCDへ、ビデオテープ、DVDから多様なメディアの動画へと視聴覚教材も変わりました。90年代後半ごろから、コンピュータが新しい教育の手段として手軽に用いられるようになり、教育方法だけでなく教育の内容にまで影響を与えるようになりました。インターネットの普及により、世界各国の情報が同時に得られ、電子メールやSNSで世界中の人とやりとりができるようになったことは日本語教育にも大きな影響を与えています。また、アニメや漫画、コンピュータ・ゲーム、ファッションや音楽などのサブカルチャーと呼ばれるものが、国の違いを超えて同時期に流行するようになりました。特に、若者の間では、日本のサブカルチャーが興味や関心の対象になり、日本語学習のきっかけにもなっています。みなさんの場合はどうか、次の質問でふり返ってみてください。

【質問3】

みなさんが初めて日本語を教えたときのことを思い出してください。教えた経験の短い人は、自分が日本語を勉強していたときのことを思い出してください。先輩の教師に聞いてみるのもいいと思います。そのときと今とでは、日本語を学習／教育する目的や環境に違いがあるのではないかと思います。次の点について、どのような変化があるか確認してみましょう。5年以上前と今とを比べるようにしてください。

	（　　　）年前	今
a. 学習者の特徴（年齢やレベルなど）		
b. 学習目的		
c. 学習者の興味・関心		
d. 教科書		
e. 副教材や教具、メディア		
f. 教室外で日本語と接触する機会		
g. その他、学習方法など		

みなさんの教育現場の変化が確認できましたか。あまり変わらないものがあるかもしれませんが、大きく変わったものもあるでしょう。そうした変化によって、みなさんの教え方も変わったのではないでしょうか。

【質問4】

【質問3】で、変化があった項目について以下のことをふり返ってください。
- 変化したことで、教え方を変える必要が生じたか。
- 教え方を変えるためにあなたがしたことは何か。

＜ヒント＞

次の2人の教師の例を参考にしてください。
A先生：2年前から新しい教科書を使っている。古い教科書では教えなかった項目が入っているので、その項目を教えるために、その項目について勉強し、教え方についても考えなければならなかった。
B先生：週に1回はITを使って授業をすることになっているので、日本語教育に役に立つサイトを探したり、ITの効果的な使い方について参考書で勉強したりしている。

　社会の変化が、みなさんの仕事に与えた影響が確認できたでしょうか。社会の変化は、教師の仕事や役割を変えてきました。ずいぶん長い間、教師の役割は、情報つまり知識そのものを教えることだと考えられていました。外国語教育についてみると、言語の知識と、その言語が使われている地域に関する一般的な知識を教えることでした。しかし、外国との交流の機会が増え、コミュニケーションができるようになることが重視されるようになりました。さらに、情報通信技術の発達によって、だれでも必要な情報を簡単に手に入れられるようになりました。それで、教師の役割は学習者に情報を与えることだけでなく、必要な情報をどのように集めたらよいか、手に入れた情報をどのように使ったらよいか、ということにも重点が置かれるようになってきました。

　また、人がどのように学ぶかという研究が進み、教育や学習に対する考え方（教育観・学習観）も大きく変化しました。以前の教育観・学習観では、学習者は受動的で知識や能力が足りないので、それらを教え込むことが教師の役割だと考えられていました。しかし、最近は、学習者にはもともと学ぶ力があり、与えられた知識をそのまま受け取るだけではなく、知識を生み出す力を持つ存在だと考えられるようになりました。そのため、学習者が知識を生み出すことができるような環境を作ることも、教師の重要な仕事になっています。つまり、学習者が自立的・自律的に学習できる力を養成することが重要だと考えられるようになったと言ってよいで

しょう。内容だけでなく学び方を学ぶことが重視されるようになっています。

　教育観・学習観の変化は、各国・各地域の外国語教育の政策にも影響を与えています。たとえば、1988年にオーストラリアが公表したALL（Australian Language Levels）Guidelinesという外国語教育の指針は、日本語教育にも大きな影響を与えました。30年以上前に公表された指針ですが、その中に「学び方を学ぶ（Learning how-to-learn）」があります。外国語教育の指針として、学習者が学び方を学べるような教え方の重要性を明確に示したものになっています。

【質問5】
みなさんの国や地域には、外国語／日本語教育の指針をまとめたシラバスやガイドラインがありますか。外国語教育の目的や内容として、どのようなものがあるかを確認してください。言語知識以外の目的や内容が入っていますか。それらは、授業の中でどのように扱われていますか。

　各国・各地域のシラバス（カリキュラムと呼ぶところもあります）やガイドライン、学校のシラバスは、現在のものだけでなく過去のものも見てみるとよいでしょう。過去のものと比べて見れば、外国語教育の目的や内容がどのように変わってきたかがわかります。

　国際交流基金のホームページで、日本語に翻訳された各国のシラバスやガイドラインを見ることができます。

国際交流基金「日本語教育シラバス・ガイドライン一覧」
https://www.jpf.go.jp/j/project/japanese/survey/area/country/syllabus/

注：国際交流基金「日本語教育機関調査」
https://www.jpf.go.jp/j/project/japanese/survey/result/index.html 参照

1-3. 経験からの学び

 ふり返りましょう

　教えるために必要な知識や技能の中には、本や教師の話からは十分に学べないもの、つまり、実践的な経験からしか学べないものがあります。学習者の人数や教室

の大きさに合わせて声の大きさや話す速さを変えることもその1つです。説明の話し方が速すぎたり、あるいは、声が小さすぎたりして、学習者にとってわかりにくい授業になったと思ったことはありませんか。教室の大きさや学習者の反応によって、自然に話し方を変えることができるようになるには、実際にいろいろな話し方を試してみる経験が必要です。

　教えはじめたばかりのころは、緊張して学習者の反応がよく見えないことがあります。ある程度経験を積んでからでも、慣れない場所で初めての学習者に教えるときは、学習者の反応が予測できないので、話す速さやことばの選び方に失敗することもあります。しかし、さらにさまざまな経験を積めば、学習者の反応がよく見えるようになり、初めて教える学習者に対しても、短い時間で話し方を調整することができるようになります。このように、さまざまな経験を積むことで、教えるために必要な知識や技能を身につけることができます。みなさんの経験についても、ふり返ってみましょう。

【質問6】

教室で初めて教えた日のことを思い出してください。自信を持って教えることができましたか。教えはじめたばかりのころと今を比べてみてください。教えはじめたばかりのころにはうまくできなかったことで、今では簡単にできるようになったということがありますか。それはどのようなことですか。また、どうして簡単にできるようになったと思いますか。研修やグループで勉強している人は、いっしょに話し合ってください。

＜ヒント＞

　たとえば、以下の項目についてふり返ってみてください。
①わかりやすく学習項目の説明をする
②教室にあるものや学習者自身のことを利用して授業をする
③学習者の反応を見ながら、授業の進め方を調整する
④活動によって机の並べ方を変えたり、学習者を動かしたりする
⑤話すスピードや媒介語の利用など、教室での話し方を考える

浅倉ほか（2000）『日本語教師必携ハート＆テクニック』pp.152-153を利用して作成

考えましょう

教えはじめたばかりの教師が問題だと思うことと、経験を積んだ教師が問題だと思うことは違うはずです。

一般に、教師は、その経験年数によって、教えはじめてから3年間ぐらいまでが新任教師、3～10年間ぐらいは中堅教師、それ以上になるとベテラン教師と言われるようになります。新任教師は、実際に教えながら知識や技能を身につけていく段階の教師です。中堅教師は、教えるために必要な基本的な知識や技能が身についていて、学習者の反応を見ながらより効果的な授業ができるようになります。また、自分が担当する授業だけでなく、コースの改善を考えたり教材開発に取り組んだりすることができるようになっていきます。さらにベテランの教師になると、後輩の教師を指導したり、教育機関全体の問題の解決策を考えたりする仕事もするようになっていきます。また、現在の問題を解決することを考えるだけでなく、コースの今後や学習者の将来などについても考えられるようになっていきます。

【質問7】

以下は、3人の教師X～Zが問題だと考えていることです。3人の中で、経験の長い教師はどの人だと思いますか。なぜそのように考えましたか。

X　学習者が楽しく勉強できるように、いろいろな活動を取り入れて授業をしています。学習者も楽しそうに授業を受けているし、テストの結果からも授業の内容を理解していることはわかります。でも、学習者の話す力をなかなか伸ばすことができないのが悩みです。

Y　学習者から「窓が開いている」と「窓が開けてある」のように、自動詞と他動詞で表現することができる文について質問されました。自分ではなんとなく違いがわかりますが、学習者にわかりやすく説明することができなくて困っています。

Z　新しい教師の指導をすることになりました。指導といっても、私の授業を見てもらったり、困ったことがあったときに相談にのったりするくらいです。授業を見てもらうために、授業準備と、授業後のフィードバックに時間がとられるので大変です。新しい教師の指導法について勉強する必要があると感じています。

教える経験が長くても、学習項目の教え方について悩むことはあるでしょう。経験は短くても、できるだけ1人1人の学習者の反応を見ようと心がけている教師もいるでしょう。また、教える経験が長い教師がみんな、新しい教師の指導ができるようになるというわけでもありません。本当の意味でベテランの教師になるためには、経験の長さだけでなく、そのときそのときの問題の解決を考える中で自分の経験をふり返り、自分の実践の意味を考えることが必要です。

1-4. 教師としての自分を知る

　みなさんがどのような教え方をしているか（教育ストラテジー）、外国語の学習や教育にどのようなことが大事だと考えているか（ビリーフ）、ふり返ってみましょう。

　私たちはふだん自分の教え方のくせや考え方をあまり意識しないで教えていることが多いと思います。教えていて問題が起きたとき、自分の教え方のくせや考え方を見直すことがその問題を解決するためのヒントになるかもしれません。今よりも効果的な教え方を知りたい、やってみたいと思ったときにも、ふだんの自分の教え方のどこを変えたらよいかを確認した方がよいでしょう。教え方を改善することは、教師としての自分を知るところから始まります。

 ふり返りましょう

まず、ふだんの教え方についてふり返ってみましょう。

《課題1》
みなさんはふだんどのように教えていますか、また、教えるためにどのようなことに気をつけていますか。みなさんの教育ストラテジーについてふり返ってみましょう。それぞれの文を読み、みなさん自身に当てはまる数字を選んでください。数字を選んでから、どうしてその数字を選んだのか、理由を考えてください。研修やグループで勉強している人は、おたがいのことを話してみましょう。

> 5：とてもそう思う（とても当てはまる）　　4：そう思う（当てはまる）
> 3：どちらともいえない　　　2：あまりそう思わない（あまり当てはまらない）
> 1：全然そう思わない（全然当てはまらない）

1）教育ストラテジー1：授業中にしていること

① 媒介語を使って、くわしい文法説明をする　　　　　　　5　4　3　2　1
② 例文から語彙の意味を推測させる　　　　　　　　　　　5　4　3　2　1
③ 新しい文型は何度もくり返して言わせる　　　　　　　　5　4　3　2　1
④ 学習者が間違えたらすぐに直す　　　　　　　　　　　　5　4　3　2　1
⑤ 学習者にペアワークやグループワークをさせる　　　　　5　4　3　2　1

　　　　　　本シリーズ第1巻『日本語教師の役割／コースデザイン』pp.38-39を利用して作成

2）教育ストラテジー2：教えるためにしていること

① 参考書などを読むなどして、情報を得るようにする　　　5　4　3　2　1
② 学習者の気持ちを考えるようにする　　　　　　　　　　5　4　3　2　1
③ 学習者のニーズやレディネスを分析する　　　　　　　　5　4　3　2　1
④ 自分の授業を見てもらって、コメントをもらう　　　　　5　4　3　2　1
⑤ どのような教え方がよいかなどについて、同僚などと話す　5　4　3　2　1

　　　　　　河野ほか（2006）『日本語教師の「授業力」を磨く30のテーマ』pp.216-217を利用して作成

　ストラテジーのチェックリストを使って、自分自身の教え方についてふり返ることができましたか。選んだ数字は4や5が多かったですか。1や2が多かったですか。チェックリストに正解はありません。ふだん気がつかない自分の教え方や、教えることに関する考え方をふり返ってみるためのものです。研修やグループで勉強している人は、ほかの人との共通点や相違点が見つかりましたか。ほかの人の話を聞いて、自分ではふだん意識していない自分の教え方に気づいたでしょうか。なぜそのようにしているのか、おたがいに質問してみてください。

　1人で勉強している人は、半年後か1年後、もう一度同じチェックリストを使って自分自身に当てはまるものを選んでみてください。今回の結果と同じかどうかを確認してみましょう。違うところがあったら、その理由を考えてみてください。教えながらみなさんが学んだことが見つかるはずです。

　ここでは、1）、2）それぞれ5項目ずつ紹介しましたが、引用した本にはもっと

多くのストラテジーが出ています。興味のある人は、それを参考にして自分自身がどのような教師かをふり返ってみてください。

やってみましょう

『日本語教師の役割／コースデザイン』（本シリーズ第1巻、pp.12-15）でも紹介していますが、私たちはだれでも、外国語学習に対してビリーフ（考え方や信念）と呼ばれるものを持っています。ビリーフは、教師の教授行動（教え方）に影響を及ぼすと考えられています。教師と学習者のビリーフが大きく違っている場合、学習者の反応が教師の予想と違っていることもあります。そのため、教師が考えた通りに授業が進まないことがあります。みなさんとみなさんの学習者がどのようなビリーフを持っているか、調べてみましょう。

《課題2》
外国語学習に対して人々が持っているビリーフを確認するための文を読み、みなさん自身に当てはまる数字を選んでください。それから、みなさんが教えている学習者にも答えてもらい、自分とどのぐらい似ているか、学習者間でどのような違いが見られるかを確認してみましょう。

5：とてもそう思う（とても当てはまる）　　4：そう思う（当てはまる）

3：どちらともいえない　　2：あまりそう思わない（あまり当てはまらない）

1：全然そう思わない（全然当てはまらない）

---

①外国語学習に特別な能力を持っている人がいる	5 4 3 2 1
②すばらしい発音で日本語を話すことは重要なことである	5 4 3 2 1
③日本語を話すためには、日本の文化を知る必要がある	5 4 3 2 1
④日本語は日本で学習するのがいちばんよい	5 4 3 2 1
⑤日本語の単語を知らない場合、推測するのはかまわない	5 4 3 2 1
⑥外国語学習でいちばん重要なのは、語彙を身につけることである	
	5 4 3 2 1
⑦たくさんくり返し、たくさん練習することは重要である	5 4 3 2 1
⑧外国語を聞いて理解するより、話すほうが簡単である	5 4 3 2 1

⑨外国語学習でいちばん重要なのは、文法を勉強することである

　　　　　　　　　　　　　　　　　　　　　　　　5　4　3　2　1

⑩CDなどで練習することは重要である　　　　　　5　4　3　2　1

　　　　　　本シリーズ第1巻『日本語教師の役割／コースデザイン』pp.12-15を利用して作成

　みなさんと学習者の外国語学習に対するビリーフはよく似ていましたか。選んだ数字が大きく違っているものがありましたか。たとえば、すばらしい発音で日本語を話すことがとても重要なことである（②）と考えている教師は、発音練習の時間を多くとったり、学習者の発音の間違いをよく直したりするでしょう。しかし、学習者が母語話者のようにきれいな発音ができなくてもよいと思っていたら、どうでしょうか。学習者は発音練習にあきてしまうかもしれませんし、間違いを直されないように、日本語で話したがらなくなるかもしれません。その場合、学習者に教師のビリーフを理解してもらうようにしたり、教師が学習者のビリーフを理解して、発音練習の時間を少なくしたり、発音の間違いの直し方を変えたりする必要があるでしょう。

【質問8】
《課題2》のビリーフのチェックリストで、学習者と大きく違う結果が出た項目がありましたか。もしあれば、そのビリーフがどのような教え方に結びついているかを思い浮かべてください。その教え方は、みなさんの学習者にとって効果的でしょうか。研修やグループで勉強している人は、おたがいに自分と自分の学習者のビリーフの違いや、ビリーフと教え方の関連などについて話してみましょう。

1-5. 問題の発見と改善の流れ

　教え方の改善は、自分の授業や教え方にどのような問題があるかを見つけることから始まります。この節では、問題を見つけることから改善するまでの流れを見ていきます。

 考えましょう

　図2は、自分の授業や教え方についてふり返り、問題があるかどうかを確認し、

問題があった場合にどのように対応するかを示したものです。まず、現在の授業や教え方がどのようなものであるかをふり返り、問題があるかどうか確認します。確認に続いて改善には5通りのパターンが考えられます。

① 「問題がない」ので「変えない」。
② 「問題」はあるが、「変えなければならないほどの問題ではない」から「変えない」。
③ 「問題」があり「変える必要」があるが、「自分で何かをしても変えられない」から「変えない」。この場合、自分では何もできないものや、すぐには協力者が得られないような問題も含まれる。
④ 「問題」があり「変える必要」もあり、「自分で何かすれば変えられる」と判断し、変えるための方法を考えて試してみた。しかし、「うまくいかなかった」から、結局「変えない」。
⑤ 「問題」があり、「変える必要」もあり、「自分で何かすれば変えられる」と判断し、変えるための方法を考えて試した。その結果、「うまくいっ」て「改善」できた。
⑤' ⑤で、ある方法を試してみてうまくいかなくても、ほかの方法をいくつか試して「改善」できた。

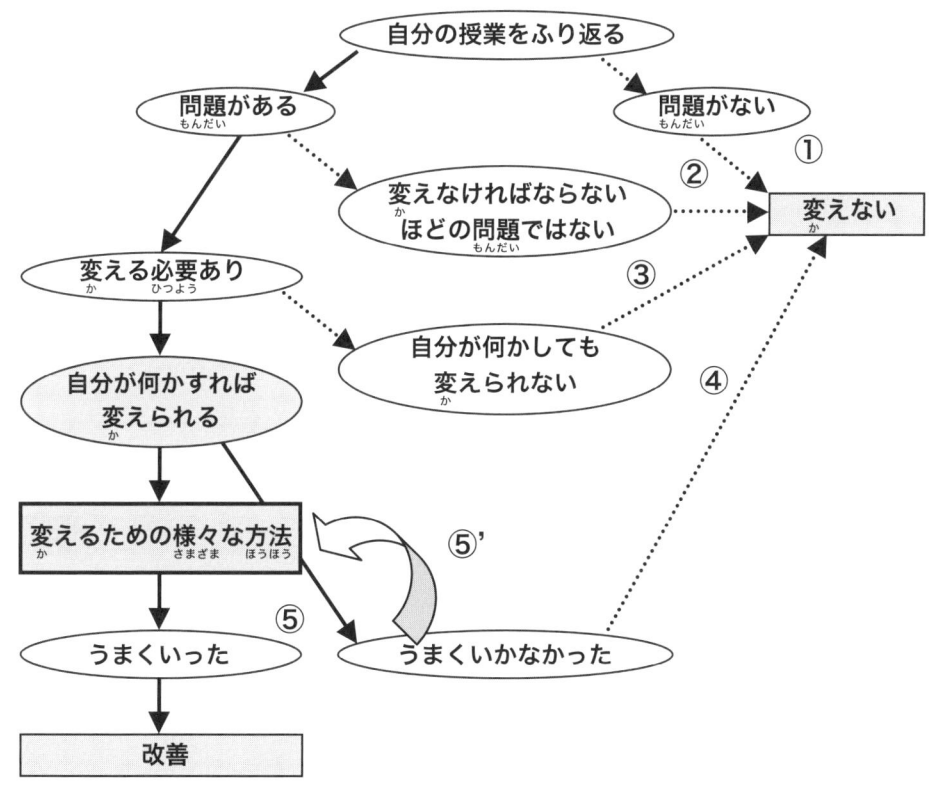

吉田（2005）『校長先生という仕事』p.132 図3-2を利用して作成

図2　教え方の改善の流れ

【質問9】

それぞれ違うコースで教える4人の教師が、自分の授業をふり返って、学習者の話す力が伸びていないことを問題だと感じました。4人の授業日誌の一部を読んで、それぞれの内容が教え方の改善の流れ（図2の①〜⑤）のどれに当たるか考えてみてください。

A先生の授業日誌
○月□日
話す力をつけるためには、たくさん話すことが必要だが、クラスの学習者は30人。教師は1人なので、学習者を細かく見ることができない。校長先生に話したら、これ以上クラスも教師も増やせないと言われた。（　）

B先生の授業日誌
○月△日
最近、ペアやグループでする活動をできるだけ多く取り入れるようにしている。前より学習者の発話が増えている。話す力も少しずつ伸びていると感じる。（　）

C先生の授業日誌
○月×日
日本語で会話をする機会を増やすために日本人を教室に招くことを考えた。いろいろな人に相談したが、協力してくれる日本人が見つからなくてできなかった。（　）

D先生の授業日誌
○月○日
話す力が伸びていないことは問題だが、このコースの目的は、日本語能力試験に合格することだ。会話力を伸ばしたい学習者は、会話のコースをとるだろう。このコースは、このまま進めることにしよう。（　）

　4人の教師が気づいたことは、学習者の話す力が伸びていないということでしたが、それから何かしなければならないと考えるかどうか、また何をするかは人によって違いました。改善の流れも人によって、環境によって変わっていきます。改善は、1つの方法を試して改善ができたら終わりだと考えるのではなく、さらに足りない点に気づいたり、ほかの見方で問題をとらえ直したりすることも重要です。

【質問10】
これまでのみなさんの教授経験をふり返り、図2の①から⑤に当てはまる事例を思い出してみましょう。その中から1つを選んで、どのような経験だったかがわかるように何があったか具体的に書いてみましょう。それから、次の3つの質問の答えを考えてみましょう。

・なぜそうしたのですか。
・ほかの方法はなかったのですか。
・どうしてそう考えたのですか。

研修やグループで勉強している人は、おたがいの経験を話し合いましょう。経験を話す人は、実際に何をしたのか、どういうことがあったかをできるだけくわしく話してください。話を聞く人は、上の質問をしてみてください。

　みなさんの授業や教え方について、具体的に思い出せましたか。もう一度、図2を見て次のことを確認してください。①～③は今の教え方を変えないという流れですが、みなさんが思い出した経験はどのようなものでしたか。問題がない、変える必要がない、自分が何かしても変えられないと決めるのに、どのぐらい時間をかけて考えましたか。時間をかけて考えてみると、違う結論になるかもしれません。4人の教師のように授業日誌を書いてみるのもいいでしょう。自分がしたことを後でふり返って考えることもできます。授業日誌などで教え方をふり返る方法は、第2章で取り上げます。

　また、自分1人で考えていると、ほかの考え方に気がつきにくいことも多いので、ほかの教師に相談するのもいいでしょう。④の場合も、自分で考えた方法だけでなく、ほかの教師に相談して自分では気がつかない方法を教えてもらえば、⑤になるかもしれません。できるだけ、相談できる仲間を作るようにするといいでしょう。ほかの人といっしょに問題を考える方法は第3章で紹介します。

2 教え方をふり返る

　第1章では、さまざまな観点から教師としての自分をふり返ってみました。教え方を改善するためには、教師としての自分をふり返るだけでなく、実際に日本語をどのように教えているかを客観的に見て、自分の課題を見つけ、それをどのように解決していくかを考えていくことが必要です。
　第2章では、まず、ふだん自分がどのように教えているかをふり返る方法を5つ紹介します。そして、これらの方法を利用して教え方をふり返った3人の教師の例を見てみます。さらに、授業を見直す視点として、授業の目標・授業活動・評価を一貫した流れとしてとらえることを確認します。そして、その視点から授業を見直し、ふり返る際の教案の利用のしかたを考えます。

2-1. いろいろな方法で教え方をふり返る

(1) 教え方をふり返る5つの方法

　授業が終わったとき、「今日の授業はよかった」とか「あの活動は思ったより時間がかかった」など、いろいろな感想が頭に浮かんでくると思います。このような感想は教え方を改善するための最初のステップです。そこから改善につなげるには、感想を持つだけで終わらせるのではなく、なぜそのような感想を持ったのかを考えることが必要です。
　「今日の授業はよかった」と思ったら、なぜそう思うのか、何をしたからそうなったのかを考えてみましょう。このように考えることが「教え方をふり返る」ということなのです。よい授業になった理由がわかれば、次の授業も同じようにすればよいことになります。ある活動が予想より時間がかかったら、時間がかかった原因は何かを考えてみましょう。原因を見つけて、次に同じ活動をするときに時間が足りなくならないように気をつけるか、または今回より時間を多くとるようにするなどの方法で改善につなげることができるでしょう。

ふり返りましょう

【質問11】
いちばん最近の授業を思い出してください。
(1) 授業で教えた内容や活動を思い出してください。
(2) 授業が終わったとき、どのような感想を持ちましたか。
(3) なぜ(2)のような感想を持ったのか、考えてみてください。

　授業の内容や活動をくわしく思い出せましたか。授業が終わったときの感想はどのようなものでしたか。終わったときの感想は、今も変わりませんか。上の質問の(3)について、十分に考えられましたか。その中に、自分の教え方について、今のままでいいと思う点や改善したいと思う点がありましたか。

　1回の授業を思い出すだけで、自分の教え方について十分にふり返ることができるとは限りません。授業のふり返りを教え方の改善に結びつけるためには、できるだけ具体的に授業であったことを思い出し、それについて考えることをくり返すことが大切です。そこで、ここでは、自分の教え方をふり返る方法として次の5つを紹介します。

① チェックリスト
② 授業日誌
③ 学習者アンケート
④ 授業の録画・録音と文字化
⑤ 教師同士の授業観察

①チェックリスト

　授業をする上で大事だと思っていることや、その日の授業の目標などをリストにして、授業が終わってから、それが実行できたか、達成できたかどうかを確認します。その確認の作業をする過程で、教え方についてふり返ることができます。

　授業の内容に関係なく自分の授業や教え方についてふり返る場合は、次にある項目を選んでチェックリストを作ってもいいでしょう。

チェックリストの項目例

- 授業はうまくいったか。
- 学習者は目標となることを学んだか。
- 授業は学習者のニーズに合っていたか。
- 授業の難しさは適切だったか。
- 学習者全員が授業に参加していたか。
- 学習者の日本語への興味を起こしていたか。
- 授業準備を十分したか。
- 今日使った方法ではなく、別の方法をとるべきだったか。
- 次回、同じ目標の授業をするとき、同じ教材、同じ方法にするか。

リチャーズほか（2000）『英語教育のアクション・リサーチ』p.98 を利用して作成

ある期間続けて同じチェックリストでふり返る場合は、以下のようにしておくと便利です。

チェックリストの具体例

クラス名　日本語１

月　　日	4月22日	月　日	月　日
授業の内容	動詞、１日の生活を言う		
1) 授業はうまくいったか	○ 予定したとおりだった		
2) 学習者全員が授業に参加していたか	△ クラスの半分ぐらいは指名して話させた		
3) その他	欠席が多かった		

（○そう思う　△少しそう思う　×そう思わない）

チェックリストで授業をふり返るとき、項目をチェックするだけでなく、なぜそう思ったか、あるいはなぜそう思わなかったか、授業中の具体的なできごとを思い出して簡単なメモを残しておくとよいでしょう。また、同じチェックリストを使って自分の授業のふり返りを続けると、自分の教え方の特徴がわかり、自分の課題を見つけることにつながります。

本シリーズ第9巻『初級を教える』には、授業の評価シートの例（p.53）があります。これは授業の目標が達成できたかどうかについてふり返るためのチェックリストで、達成度を4段階で評価します。

達成度のチェックリスト

目標	達成度*
1) ゲームを使った練習を行い、教師の説明より学習者同士の活動が多い授業にする。	4　3　2　1
2) 教師の話す量より学習者の話す量を多くする。	4　3　2　1
3) わかりやすい指示を出し、学習者がスムーズに活動できる。	4　3　2　1

＊達成度：4が高く、1が低い

 やってみましょう

《課題3》
pp.20-21ページの3つのチェックリストの項目例や具体例を参考にして、自分の授業をふり返るためのチェックリストを作ってみましょう。どのような項目をチェックリストに入れますか。項目を考えるために、授業をするときに大事だと思っていることを書き出してみるといいでしょう。

②授業日誌

　①で紹介したチェックリストを使ったふり返りは、あらかじめ決めた項目について、○×で答えたり、達成度を数字で答えたりするものでした。特にふり返る項目を決めないで、授業中に感じたことや気づいたことを授業日誌（以下、日誌）に書くことも、自分の教え方をふり返るのに役に立ちます（1-5、p.16の例を参照）。感じたことや気づいたことだけでなく、何を教えたか、どのように教えたかも合わせて書いておくようにしましょう。事実を書いておくと、教え方を改善するためのポイントが見つけやすくなります。

日誌は、毎回ではなく特に気になることがあったときに書くのでもよいし、1週間に一度、その週の授業について書くのでもよいでしょう。ただ、1か月から半年、あるいは1つのコースの期間を通して書きます。まとまった期間、日誌を書き続けることで、自分の教え方についてどのような点が気になるのか、そこにどのような問題があるのかがわかってくるからです。

　教えた内容と感想を書いた日誌の例を1つ紹介します。

○月△日（×曜日）

　2年生の漢字の授業で、4課の漢字を12字教えた。今まで習った漢字と組み合わせて、まだ習っていない熟語を見せて意味を推測させた。漢字をよく勉強している学生はほとんどの熟語の意味を正しく推測できたので、驚いた。漢字が苦手な学生もうまく推測できるようになるにはどうしたらいいだろうか。

【質問 12】

上の日誌から、この教師は、(1) 何をどのように教えたか、(2) どんなことに気づいたか、(3) そこからどんな課題を見つけたか、がわかりますか。わかる範囲で答えてください。

　授業日誌は、以下のような形式で書くと、後で見直すときに便利です。

月　日（　　）	クラス名
① 授業の目標・内容	
② 授業で感じたこととその理由	

③学習者アンケート

　学習者へのアンケートを利用して、教え方をふり返ることもできます。アンケートで答えてもらう質問は、コースの目標や内容に関すること、その日の授業の目標や内容に関すること、教材や教師の話し方や板書のしかたなど、さまざまです。

【質問 13】

あなたは、学習者にアンケートをしたことがありますか。あなたが教えている学校で学習者にアンケートをしていますか。学習者にアンケートをしたことがある／している人は次のことを確認してください。

①アンケートをする時期
　a）コースの中間　　b）コースの終わり　　c）特別な目的があるとき
　d）その他

②アンケートをする回数（1つのコースで）
　a）1回だけ　　b）2回以上　　c）毎回の授業後　　d）その他

③アンケートで使う言語
　a）学習者の母語か媒介語　　b）日本語　　c）両方

④アンケートに学習者の名前を書かせるかどうか
　a）書かせる　　b）書かせない

　アンケートをする時期や回数、使う言語は目的によって変わります。アンケートの回答を通して、学習者がコースや授業、教師の教え方について、どのように思っているかがわかるので、自分の教え方をふり返る材料が集まります。

　まず、アンケートをいつ、何回するのかを考えます。コースの終わりにするアンケートでは、コース全体についての学習者の意見を聞くことができます。毎回の授業について学習者の声を聞きたい場合は、授業後にアンケートを実施します。毎回の授業後のアンケートで同じ質問をくり返すと、その結果から教師の教え方の問題が見つかることもあります。

　下は、コースの終わりにするアンケート例です。コース全体を通して、教師が教えたことが学習者に伝わっているか、どのような活動が役に立ったかなどを質問しているので、学習者にとって特に印象に残ったものが何であるかがわかります。

コースの終わりに行う学習者アンケート例

1) 今学期の授業でできるようになったことは何ですか。
2) 印象的だった内容（授業、教材）は何ですか。
3) あなたにとって役に立つ、または、興味が持てると思った教え方や活動を書いてください。

> 4) 教師への質問や希望があったら、書いてください。

注）質問は母語や媒介語で書いてもよい。

　このアンケートは、学習者に具体的な内容を書かせるものです。学習者が授業を思い出して書くのは母語や媒介語でも難しい場合があります。次のような形式のアンケートにすると、学習者にとって答えやすくなります。

(A) スケールにする（数字を書いたり、スケールの適当な位置に✓をつける）

> 例）今学期の授業の目標「自分の経験についていくつかの文をつなげて話す」は、どのぐらいできるようになりましたか。十分できるようになった場合を100として答えてください。
>
>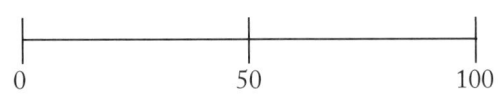

(B) 当てはまるものを1つ選ぶ

> 例）今学期の授業を受けて、いくつかの文をつなげて話すことができるようになりましたか。
> 　　　　（　）4. 十分できるようになった
> 　　　　（　）3. だいたいできるようになった
> 　　　　（　）2. 少しできるようになった
> 　　　　（　）1. まだできない

(C) 項目を選ぶ（当てはまるものを指示した数だけ選ぶ）

> 例）授業の中で日本語力を伸ばすのに役に立つと思ったのはどの活動ですか。下の中から3つ選んでください。
> 　　a. 聴解（　）　　b. 読解（　）　c. ロールプレイ（　）
> 　　d. ミニ・スピーチ（　）e. 宿題（　）　f. 小テスト（　）

　(A)、(B) は学習者が目標達成できたかどうかをチェックする質問です。(C) は教師が工夫した活動が学習者にとって役に立ったかを知るための質問です。このようにいくつかの観点から学習者自身による評価や意見を聞くことができます。
　簡単にできるアンケートの例として、コメントシートがあります。これは、学習

者に授業について思ったことや気づいたことを書いてもらうというものです。コメントシートを印刷することができない場合でも、質問を黒板に書き、小さい紙を配って書いてもらうことができます。学習者の母語や媒介語を使って自由に書いてもらうといいでしょう。

```
コメントシート：　クラス名＿＿＿＿＿＿＿　名前＿＿＿＿＿＿＿
1) 今日の授業について

2) わからなかったこと、質問など


```

学習者アンケートを行うことは、学習者にとっても日本語の学習について考える機会になります。自分がどのように授業に参加したか、授業を通して日本語でどんなことができるようになったかを考えるきっかけになります。教師側から見ると、学習者の気持ちや感想を知ることができ、授業の問題点を見つけ改善につなげることができます。毎回するアンケートやコメントシートなら、次の授業で学習者からの質問に答えることもでき、学習者と教師の間の信頼関係を作るのにも役立ちます。

 やってみましょう

《課題4》
現在教えているコースでする学習者アンケートを作ってみましょう。コースのどの段階でするのかを決めて、質問を考えてください。アンケートができたら、研修やグループで勉強している人はおたがいに、1人で勉強している人はほかの教師に見せて、学習者にとって答えやすいかどうかを確認してもらいましょう。

④授業の録画・録音と文字化

教師は、授業中、学習者に指示をする、必要な知識や情報を伝える、学習者が理解できたかどうか確認する、学習者をはげましたり注意したりするなど、さまざまなことをしています。実際にそれらのことをどのようにしているかは、授業の様子をビデオ録画したり音声を録音したりしないと、はっきりとはわかりません。自分がやっていると思っていたことと実際やっていることが違う場合もあるでしょう。自分の授業のビデオ録画や音声録音（以下、授業の録画・録音）を後で見たり聞い

たりすると、ふだん自分では気づかないことに気づくこともあるでしょう。学習者の様子も、教えているときとは違う見方で観察することができます。

【質問14】
自分の授業を録画・録音したものを後で見たり聞いたりしたことがありますか。したことのある人は、どのような目的でそれをしましたか。また、そのときどんなことに気づきましたか。

　授業の録画・録音からさまざまなことがわかりますが、ここでは、教室内での教師と学習者の日本語での発話ややりとりを例に、どのようなことがわかるか考えてみましょう。

【質問15】
教室内での教師と学習者の日本語の発話について考えましょう。
　①みなさんの授業で、教師と学習者はどちらがより多く話していますか。
　②みなさんは教えるとき、どのぐらい日本語を使っていますか。

　上の質問にすぐに答えられましたか。みなさんの答えは、実際の授業と合っているでしょうか。録画・録音で確認すると、自分で思っていたよりも教師の話す量が多かったり、いつも同じ学習者ばかり話していたりすることに気づくこともあります。
　また、教室外で学習者が日本語に触れる機会の少ない海外の場合、教室でできるだけ日本語を使おうと考える教師も多いと思います。写真や絵などの視覚教材を利用すると、教師が媒介語で説明することが減り、日本語の使用を増やしやすくなります。自分の授業の録画を見て、視覚教材の利用のしかたなどの教師の行動を確認することで、どのように日本語の使用を増やせるか考えることができます。

 やってみましょう

《課題5》
自分の授業を10〜20分くらい録画または録音してみてください。そして、次の点に気をつけて自分の発話を見て／聞いてください。
　①教室活動の指示はわかりやすいか

②学習者が言ったことをくり返して言うことが多いか

　③学習者が間違えたとき、どのように反応しているか

　④よく言うことばがあるか（「はい」、「ええと」、「わかりましたか」など）

　自分の発話が確認できましたか。教師の発話には、《課題5》の②や④のように、同じパターンが現れることがあります。同じパターンだからよくないというわけではありませんが、なぜそのようにしているかを一度考えてみましょう。学習者にとってわかりやすいか、学習者がよりよく学べるかという観点で効果的な教師の発話を考えるきっかけにしてください。

　次に、教師と学習者のやりとりを文字化した資料を使って、授業中の発話をふり返ってみましょう。

【質問16】

次のA、Bの例は、両方とも教室で時間を聞いている教師と学習者のやりとりです。
　(1) A、Bのやりとりには、どのような違いがありますか。
　(2) 実際のコミュニケーションは、AとBのどちらですか。

A	B
（時計の図をさしながら） ①T：　S1さん、1番です。 　　　　今、何時ですか。　(1) ②S1：　4時です。 ③T：　はい、そうです。 　　　　じゃあ、2番。（S2をさす） 　　　　今、何時ですか。　(2) ④S2：　10時です。 ⑤T：　いいですね。	①T：　（時計を持っていない） 　　　　S1さん、今、何時ですか。 ②S1：　（自分の時計を見ながら） 　　　　あ、えっと、4時です。 ③T：　あ、そうですか。ありがとう。

T（teacher）：教師、S（student）：学習者、S1、S2は個別の学習者

　A、Bのうち、実際のコミュニケーションの形になっているのはBです。A③「はい、そうです」、⑤「いいですね」は、学習者の時間の言い方の評価をしています。つまり、時間の言い方を練習しているのです。Bでは、教師は時間がわからないため学習者に質問し、学習者が教えてくれたことにB③の「そうですか。ありがとう」

と情報を受け取ってお礼を言っています。

このように、文字化してふり返ると、教師や学習者の発話の性質（言い方の練習か、実際のコミュニケーションかなど）をじっくり考えることができます。

⑤教師同士の授業観察

ほかの教師に授業を観察してもらい、気づいたことを教えてもらうのも、自分の教え方をふり返るよい方法です。授業をしている教師には見えないけれど、ほかの人には見えていることがたくさんあります。同じものを見ていても、それに対してどう考えるかが違っていることもあります。授業を見てもらった後で、話し合う時間を作ることも重要です。

【質問17】

ほかの教師に自分の授業を見てもらったことがありますか。または、ほかの教師の授業を見たことがありますか。どちらかの経験がある人は次のことを思い出してください。

　①授業前に、授業の中の何を見てほしいかについて話したか
　②授業後に話し合いをしたか
　③授業観察は、自分の教え方をふり返るきっかけになったか

授業を見せる教師の方で、見てもらいたいことが決まっている場合は、それを伝えます。そうでないと、見てもらいたいことを見てもらえないかもしれません。

見てもらいたいことが、pp.20-21で紹介した自分のふり返りのためのチェックリストと同じ場合もあるでしょう。そのときにはチェックリストを渡して、授業後に、自分のチェックリストと見てくれた教師のものとを比較してみるとよいでしょう。

【質問18】

ほかの教師の授業を見ることになり、次の「授業観察シート」をもらいました。このシートに答えるために、どのような点に気をつけて授業を観察したらいいでしょうか。授業を見る前に知っておく必要のあることは何ですか。

<授業観察シート> ___月___日（　）　：　〜　：　クラス名_____ 授業担当(たんとう)教師名： 　　　観察(かんさつ)した教師名：		
(1) 学習者は目標(もくひょう)となることを学んだか	そう思う　　　　そう思わない	
	4　　3　　2　　1	
(2) 学習者全員(ぜんいん)が授業に参加(さんか)していたか	4　　3　　2　　1	
(3) 教師の指示(しじ)や説明(せつめい)はわかりやすかったか	4　　3　　2　　1	
(4) その他、気づいたことを書(か)いてください		

(2) 3人の教師の例(れい)

考えましょう

上で紹介(しょうかい)した5つの方法(ほうほう)の中から、複数(ふくすう)の方法(ほうほう)を選(えら)んで自分の教え方をふり返(かえ)った3人の教師の例(れい)を見てみましょう。

A先生の例(れい)

　A先生は、大学の日本語専攻(せんこう)の2年生を担当(たんとう)しています。教えはじめて5年目です。初級の日本語を教えることにはあまり問題(もんだい)がないと思っていますが、なんとなくこれでいいのか、何か改善できることがありそうだと感(かん)じています。そこで次(つぎ)のようなチェックリストを作って、3週間続(つづ)けてみました。

月日	2月16日	2月19日
授業の内容(ないよう)	教科書38課(か)	教科書39課(か)
(1) 授業はうまくいったか	○ ロールプレイが予定(よてい)通りできた。	△ 語彙(ごい)の質問(しつもん)で時間がかかった。

(2) 学習者は目標となることを学んでいたか	△ 1つのグループが、ロールプレイを終えられなかった。	× 質問に答えていて時間がなくなり、ロールプレイができなくなった。
(3) 学習者全員が授業に参加していたか	○ みんな積極的に参加していた。	○ 質問はたくさん出た。
(4) 学習者にとっておもしろい授業だったか	? みんな積極的に参加していたから、多分おもしろい授業だっただろう。	○ ビデオを見ているとき日本について質問が出た。

【質問 19】
上のチェックリストの項目は、授業中の学習者のどんな行動で確認することができますか。

　チェックリストの (1) ～ (3) の項目は、授業の後で思い出して書くことができました。でも、(4) については、授業を思い出すだけではわからないことに気がつきました。そこで、学習者がどう感じているかを直接聞いたほうがいいと考え、アンケートをすることにしました。アンケートは学習者の母語で作って、名前を書かないで答えてもらうことにしました。
　以下のアンケートを1週間に1回行い、1か月続けました。

＜学習者アンケート＞

回答日（　）月（　）日

1) 今日の授業でおもしろかったことは何ですか。いくつでも選んでください。
　（注意：今日の授業でやっていないこともあります。）
　a. 聴解　b. 文型練習　c. ゲーム　d. ロールプレイ　e. ビデオ　f. 読解
　g. ミニスピーチ　h. 小テスト　i. その他（具体的に書いてください）

2) なぜ1で選んだものがおもしろいと思いましたか。その理由を下からそれぞれについて3つまで選んでください（1つか2つでもかまいません）。
　　ア）自分の日本語力が伸びたから
　　イ）クラスの友達と協力できたから

ウ）日本について知識が増えたから
エ）自分にとって難しいことに挑戦できたから
オ）目的を持って日本語を使うことができたから
カ）日本語をもっと知りたい、勉強したいと思ったから
キ）その他（理由を簡単に書いてください）

1)	2)
おもしろかった活動	おもしろかった理由①　おもしろかった理由②　おもしろかった理由③

　アンケートの結果、おもしろかったと答えた人が多かった項目とそれぞれの理由は、以下のようでした。
　　最も多かった答え…ゲーム〔理由イ、オ、キ（ゲームに勝ったから）〕
　　2番目に多かった答え…ロールプレイ〔理由ア、イ、エ〕
　　3番目…ビデオ〔理由ウ、カ〕
　　4番目…文型練習〔理由ア〕
　　5番目…小テスト〔理由ア、エ、キ（がんばった成果が出たから）〕

　A先生が驚いたことは、文型練習や小テストを選んだ学習者も少しですがいたことです。

【質問20】
この学習者アンケートの結果からどんなことがわかりましたか。

　この学習者アンケートの結果から、多くの学習者がおもしろいと思う活動が何かわかりました。一方で、おもしろいと思った人の数は少ないけれど選ばれている活動もありました。選んだ理由を見ると、まったく性質が違うと思っていた活動で同じ理由（ロールプレイと小テストでエが選ばれている）が書かれていました。
　この結果から、A先生はこれから学習者がおもしろいと思う活動を取り入れるだ

けでなく、おもしろいと思う理由にも注目したいと思いました。あまりおもしろくないと思われている活動でも、おもしろい理由になる要素を入れられないかと思っています。

　また、アンケートを見ると、おもしろいと思う活動が多い学習者と少ない学習者がいることにも気がつきました。同じ授業を受けた学習者でも、授業の多くの時間を楽しいと思って過ごしている学習者とそうではない学習者がいるということです。アンケートに名前を書かせなかったので、おもしろいと思う活動が多い学習者はいつも同じなのか、授業によって変わるのかわかりません。A先生は、こんどもっとくわしく調べてみたいと思うようになりました。

B先生の例

　B先生は、中級の日本語を担当しています。読解を中心とした総合教材を使って教えていますが、初級に比べて学習者が話すことが減って、教師の説明ばかりの授業になっていると感じていました。もっと学習者が積極的に参加する授業をしたいと思っていたB先生は、1か月間、学習者の授業への参加のしかたに注目して、授業日誌を書いてみました。

5月14日（火）
　今日の授業では、環境問題に関する意見文を段落ごとに読んでいった。学習者からの質問は1つだけだった。「べきだ」と「なければならない」の違いについての質問だった。私から学習者にした質問は、文の意味の理解を確認する質問がほとんどだったが、1つだけ読んだ文章にないことで、「買い物をした店で買ったものを袋に入れてもらうことについてどう思うか」と聞いた。すると、指名しなくても、学習者Aが「スーパーでplastic bagのお金をはらいます。それはいいと思います。」と自分の意見を言った。しかし、ほかの学生は何も言わなかった。

【質問21】

上の授業日誌から、B先生は「学習者が積極的に参加する授業」をどのような授業だと考えていると思いますか。

　授業日誌を続けることで、予想通り学習者からの質問や自発的な発言が少ないことがわかりましたが、ほかの教師にはどのように見えるのでしょうか。それを確か

めるために、B先生は、同じレベルのほかのクラスを教えているF先生に授業を見てもらうことにしました。F先生には授業の前に、学習者が積極的に日本語を使う授業になるように自分の教え方を改善したいと思っていることや最近の授業について話しました。

F先生は、B先生の授業を見た後で次のようなことに気がついたと言ってくれました。

> B先生は、学習者に話す機会を作ろうとしてたくさん質問をしていたが、
> (1) 学習者がどう答えたらいいかわからない質問があった。
> (2) 質問した後で、学習者がまだ考えているのに、B先生は自分で答えを言ってしまうことがあった。
> (3) 前の活動のことを考えている学習者や、これから教えるページをまだ開けていない学習者がいるのに、B先生は新しい内容に移ってしまった。

【質問22】
B先生の授業中の様子を思い浮かべてください。B先生は、どうして(1)～(3)のような行動をとったと思いますか。

F先生と話した後で、B先生は、F先生が言った3つのことについて考えました。自分の説明ばかりになってしまわないように、できるだけ学生に話をさせようと思って質問をしましたが、授業の前に質問を準備しないで、そのときに思いついた質問をしていました。だから、どう答えたらいいかわからない質問になってしまったのかもしれません。また、学習者がなかなか答えないときは、早く進めようと自分が話しはじめてしまっていました。活動と活動の間も、できるだけ時間をむだにしないようにしていましたが、まだ学習者が準備できていないうちに次の活動や練習を始めていたことには気がつきませんでした。

B先生が考えたことを話すと、F先生は初級と中級の授業の違いを考えるといいとアドバイスしてくれました。初級は文型の学習が中心で口頭練習が多いですが、今B先生が教えている授業は読解を中心にした中級の授業です。話すより読んだり考えたりする活動が多くなって、学習者の発話が減るのは当然だという意見です。それでは、中級の授業で学習者が積極的に参加するということはどのようなことか考えてみようとB先生は思いました。そして、こんどF先生の授業を見せてもらおうと思っています。

【質問23】
あなたがB先生だったら、どのようなことに気をつけてF先生の授業を見ますか。

<ヒント>
授業観察の後のF先生のコメントとB先生が考えたことをもう一度読んでみましょう。

C先生の例

　C先生は、初級の日本語クラスを日本人教師といっしょに教えています。C先生の担当は教科書の文型の導入と基本練習で、日本人教師はその後で会話などの応用練習と漢字を教えます。今のC先生の目標は、学習者が習った文型を正しく、スムーズに言えるように効果的な基本練習をすることです（導入、基本練習、応用練習などの初級授業の流れについては、本シリーズ第9巻『初級を教える』を参照）。
　初級前半では、2人の教師の授業がうまくいっていましたが、後半に入ってから、日本人教師が会話の授業に少し問題が出てきたと言います。学習者が新しい文型がすぐに言えないので、会話の時間にもう一度基本練習をしなければいけないことがあるのだそうです。C先生は、自分では授業はうまくいっていると思っていたので驚きました。
　自分の授業に何か問題があるかどうか調べるために、C先生は、自分がどんな授業をしているのか見てみたいと思いました。そこで、学習者に許可をもらって、授業をビデオに録画しました。
　ビデオを見ると、学習者はほとんど全員がC先生の方を見て、集中して練習をしていました。全員で答えたり1人ずつ答えたりするなど練習の種類もいくつかあって、つまらなさそうな学習者もいないようです。C先生は、ビデオの一部（約3分）を文字化して、もっとくわしく自分の授業を見てみようと思いました。

　授業を20分から30分程度文字化してみると、学習者が文型を使って正しく話せるようになるために練習の量は十分か、練習のさせ方は適当か、文型の意味と形を結びつける練習があるかなどについて、具体的に確認することができます。
　C先生が文字化したのは約3分間でしたが、短い時間の文字化資料でもいくつかのことがわかります。

【質問24】

C先生の授業の文字化（＜資料1＞pp.48-49）を見てください。C先生と学習者の発話の量を比べましょう。発話の量は、C先生と学習者とではどちらが多いですか。

> ＜ヒント＞
> C先生の発話の部分に線を引いてみると、量の違いがはっきりわかります。

【質問25】

学習者の答えに対して、C先生はどのように反応していますか。(1) 正しく言えたとき、(2) 間違いがあったとき、それぞれについて見てみましょう。

　授業を文字化して、くわしく見たC先生は、思っていた以上に自分がたくさん話していたことに気がつきました。学習者が正しく答えたときに、ほかの学習者のためにもう一度その答えをくり返したり、学習者が答えやすいように途中まで文を言ったりしていましたが、その分学習者の練習の時間が減ったり、完全な文を言う機会を少なくしていたかもしれないと考えました。これが日本人教師がもう一度基本練習をしなければいけなかった理由になっていたかもしれません。C先生は、自分の発話を減らして学習者の練習の機会を増やしたらどうなるかやってみようと思っています。

整理しましょう

　教え方をふり返る5つの方法を見てきました。そして、それらを利用した例を3つ見てきました。ここで、それぞれの方法の特徴を見てみましょう。

【質問26】

2-1で紹介した、①チェックリスト、②授業日誌、③学習者アンケート、④授業の録画・録音と文字化、⑤教師同士の授業観察のそれぞれの方法の長所と短所を整理してみましょう。

方法	長所	短所
①チェックリスト		
②授業日誌		
③学習者アンケート		
④授業の録画・録音と文字化		
⑤教師同士の授業観察		

やってみましょう

《課題6》

上の5つの方法から1つ選んで自分の教え方をふり返ってください。チェックリストと授業日誌の場合は、同じ方法で5～6回ぐらい続けてください。授業の録音・録画でふり返る場合は文字化もしてみましょう。教え方をふり返る活動をした後で、次のことを考えてみましょう。

・ふり返りを通して、どのようなことに気づきましたか

・いつ、どこで、どのぐらいの時間をかけてふり返りましたか。

・記録した内容や授業のしかたに何か変化がありましたか。変化があった人はなぜそのような変化が起きたか理由も考えてみましょう。

2-1では、教え方をふり返るためのいろいろな方法を紹介しました。これらのふり返りを通して改善したほうがいい問題を見つけ、問題を解決するための方法を考えていくようにしましょう。

2-2. 授業をふり返る

(1) 授業の構成をふり返る

授業は、それぞれの学習目標（①）、その目標が達成できるような活動（②）、目標が達成できたかどうかを確認するための評価（③）までを考えて、計画することが重要です。この節では、高校生に初級の日本語を教えているP先生の50分の授業と、大学生に中級の読解を教えているQ先生の90分の授業（2回分）を例として、学習目標、活動、評価という3つの観点から授業の構成を見ていきます。2人の教師の授業をくわしく見ていくのと同じように皆さんも自分の最近の授業について考えてみてください。

ふり返りましょう

P先生とQ先生という2人の教師の授業について、次の3つの観点で見てみましょう。

①授業の目標を考える

いい授業をするためには、目標をはっきり決めておくことが大切です。授業の準備は、目標を明らかにすることから始まります。毎回の授業の目標を立てるときには、コース全体の目標や、使っている教科書の課の目標、そして、教えている学習者のレベルを確認して考えます。

②授業活動を考える

授業の目標を立てたら、目標が達成できるように活動と活動の順番（構成）を考えていきます。

③評価のしかたを考える

授業の目標が達成されたか、その達成度はどうかを判断することを「学習の評価」または「評価」と言います。授業の活動の中で、目標の達成度をどのように評価するかを考えます。

【質問27】

最近の授業を1つ思い出してください。その授業の目標は何でしたか。どんな活動をどんな順番で行いましたか。達成度の評価は授業の中で行いましたか。メモやリストのような形で書いてみてください。

自分の授業がP先生に近い人は、p.38からp.41を読んでください。Q先生に近い人は、p.41からp.44を読んでください。どちらの人もその部分が終わったら、p.45の「整理しましょう」に進んでください。

P先生が行った文型学習重視の50分の授業（高校・初級レベル）

◇授業の目標：「Vたいです」の文型を使って、自分のしたいことを言ったりほかの人にたずねたりできるようになる。

	行った活動	
1	絵カードを使って今まで勉強した動詞（マス形）を復習した。	動詞の復習
2	日本の話をしながら、富士山、おすし、カラオケなどを写真で紹介して「Vたいです」を導入した。	「Vたい」の導入
3	教科書にある「Vます→Vたいです／たくないです」の練習問題をした。	「Vたい」の練習①
4	学習者同士で、日本でしたいことを書いたり質問したりする練習をした。（学習者は自分が日本でしたいことを3つ書いて、ほかの学習者に自分と同じかどうか質問する。同じだったら、サインをもらう。その後でクラス全体で結果を報告する。）	「Vたい」の練習②
5	学習者に宿題の紙を配って何をするか説明した。	宿題の説明

①授業の目標を考える

　日本語でコミュニケーションできる能力を身につけることを目的とするコースでは、学習者が授業の後でどんなコミュニケーションができるようになるかを考えて目標を立てるので、以下の点に気をつけます。

　　a. 目標は学習者にとって身近で意味があり、将来役に立つか
　　b. 目標に書いてある内容の活動が授業の中で行えるか
　　c. 目標が達成できたかどうかをどうやって確かめるか

　P先生の目標は、a～cの点から見るとどうでしょうか。aは、その学習者や教育現場をよく知っている人でないと考えられないかもしれません。cについては、③評価のしかたを考える（p.40）で扱います。

【質問28P】

P先生の立てた目標をbの点から考えてください。授業の目標を達成するための活動が授業の中で行えますか。

　P先生の目標は、「「Vたいです」の文型を使って、自分のしたいことを言ったりほかの人にたずねたりできるようになる」でした。このままでは、どのような話題や場面で希望を言ったり聞いたりするかがわからないので、具体的な活動が考えにくいです。たとえば、「友達に休みの日に自分のしたいことを言ったりたずねたりできるようになる」のようにすると、教室の中でどのような活動をしたらよいか、また、目標が達成できたかどうかを確かめる活動が考えやすくなるのではないでしょうか。

【質問29P】

あなたが【質問27】で思い出した授業の目標は何でしたか。どのようにその目標を考えましたか。また、その目標を上のaとbの点から見てみましょう。

②授業活動を考える

　授業の目標を達成するために必要な授業の活動を考えます。そして、授業の最後に目標が達成されるように、それぞれの活動の目的に合わせて、活動を適切な順番に並べます。
　P先生の場合は、以下のようになっていました。

P先生の授業活動の目的

	行った活動	活動の目的
1	動詞の復習	これからの授業で使う動詞を思い出させる。
2	「Vたい」の導入	興味を持たせながらこれから勉強することを知らせる。
3	「Vたい」の練習①	正しく言えるように練習させる。
4	「Vたい」の練習②	文の意味を考えて練習させる。
5	宿題の説明	勉強したことを復習する方法を示す。

　初級の文型学習を重視した授業では、「導入→基本練習→応用練習」(本シリーズ第9巻『初級を教える』p.13)の流れが一般的です。
　P先生の授業は、1と2が新しい文型の導入、3と4がその文型の基本練習になっています。①で述べたことから考えると、この授業の目標は具体的なコミュニケーション活動とつなげにくいという問題があります。①で述べた例のように目標を具体的にした上で、そのコミュニケーションを学習者がやってみる応用練習を考えるといいでしょう。授業時間は50分ですから、応用練習は次の時間に入れるといいでしょう(応用練習の考え方は、本シリーズ第9巻『初級を教える』p.37を見てください)。

【質問 30P】
みなさんが【質問 27】で思い出した授業の中の活動は、目標を達成するためにそれぞれどんな目的を持っていましたか。目標を達成するために適切に並べられていましたか。

③評価のしかたを考える
　授業の目標を立てるときのポイントcは、評価についてでした。ふつう教師は、授業中に、その授業で目標としたことを学習者ができるようになったかどうかを確かめています。授業中に学習者全員ができるようになったか確認する時間がとれない場合は、たとえば、クラスで中ぐらいの成績の学習者ができるようになったら、だいたい目標が達成できたと考えるなど、目安となる学習者を決めて確認することもできます。

【質問31P】

P先生の授業では、活動の中で授業の目標が達成できたかどうか、どのように評価することができると思いますか。

　P先生の場合は、4（「Vたい」の練習②）の練習の中で授業の目標に書いたことを、学習者ができるようになっているかどうか評価するための情報を集めることができます。また、授業の最後に3分ぐらい時間をとって、学習者に自分がどれぐらいできるようになったかを評価させてもよいでしょう。(2-1 (1) ③「学習者アンケート」参照)。

【質問32P】

みなさんは、【質問27】で思い出した授業で、その授業の目標が達成されたかどうかをどのように評価しましたか。

> この後は「♣整理しましょう」(p.45)に進んでください。

Q先生が行った読解の90分の授業の2回分（大学・中級レベル）

◇授業の目標：日本人の食生活の変化について書かれた文章を読んで理解する。

1回目

	行った活動	
1	日本人の食生活について知っていることを話した。	内容の導入
2	これから読む文章のキーワードを確認した。	重要語彙の確認
3	1人1人文章を読んで、筆者が言いたいことはどの段落にあるか探した。	ポイントの読解
4	各段落の要約を作った。	全体の読解
5	次の授業で自分の食生活の変化についてグループ・ディスカッションを行うので、その準備を宿題にした。	宿題の説明

2回目

	行った活動	
6	本文の音読をしながら段落ごとの内容を思い出した。	前回の復習、発音
7	新出語彙と新出文型の導入と使い方の練習をした。	新出語彙・文型の導入と練習
8	本文の内容について細かい部分の理解を確認したり、ことばの意味を確認したりした。	細かい部分の理解の確認
9	食生活の変化についてのグループ・ディスカッションをした。	理解した内容を使ったディスカッション
10	教材とディスカッションの感想を話した。	まとめ

(この授業のテキスト「日本人の食生活」の全文は解答・解説編 p.87 に掲載)

①授業の目標を考える

日本語でコミュニケーションできる能力を身につけることを目的とするコースでは、学習者が授業の後でどんなコミュニケーションができるようになるかを考えて目標を立てるので、以下の点に気をつけることになります。

　　a. 目標は学習者にとって身近で意味があり、将来役に立つか
　　b. 目標に書いてある内容の活動が授業の中で行えるか
　　c. 目標が達成できたかどうかをどうやって確かめるか

　Q先生の目標は、a〜cの点から見るとどうでしょうか。aは、その学習者や教育現場をよく知っている人でないと考えられないかもしれません。cについては、③評価のしかたを考える（p.44）で扱います。

【質問28Q】

Q先生の立てた目標をbの点から考えてください。授業の目標を達成するための活動が授業の中で行えますか。

　Q先生の目標は、「日本人の食生活の変化について書かれた文章を読んで理解する」でした。食生活は身近な話題ですし、日本人の食生活には学習者も関心があると思うので、楽しい活動になりそうです。しかし、この書き方では、Q先生がどのような授業をするのかがよくわかりません。教材をどのように読ませたいのか、どの程度理解させたいのかがわかるように、「自分が持っている知識を活用して文章

を読み、日本人の食生活の変化について理解できる」とすると、より具体的な活動がイメージできるようになるでしょう。

【質問29Q】

あなたが【質問27】で思い出した授業の目標は何でしたか。どのようにその目標を考えましたか。また、その目標をp.42のaとbの点から見てみましょう。

②授業活動を考える

授業の目標を達成するために必要な授業の活動を考えます。そして、最後に目標が達成されるように、それぞれの活動の目的に合わせて、適切な順番に並べます。Q先生の場合は、以下のようになっていました。

Q先生の授業活動

1回目

	行った活動	活動の目的
1	内容の導入	これから読む内容に関係があることで、学習者が持っている知識を確認する。
2	重要語彙の確認	これから文章を読むために必要な語彙の知識を確認する。
3	ポイントの読解	筆者が言いたいことが何か理解する。
4	全体の読解	各段落で何が大事な内容か理解する。
5	宿題の説明	次の授業の準備をさせる。

2回目

	行った活動	活動の目的
6	前回の復習、発音	テキストを音読して、読んだ内容を確認する。
7	細かい部分の理解の確認	読み方を深める。
8	新出語彙・文型の導入と練習	言語の知識を増やす。
9	理解した内容を使ったディスカッション	読んだ内容を使ってほかの技能の練習をする。
10	まとめ	テキストの内容について感想を話したり自分の学習をふり返ったりする。

中級（技能別）の授業では、「前作業→本作業→後作業」（本シリーズ第7巻『読むことを教える』p.28など）の授業の流れや構成が一般的です。Q先生の授業は、上の前作業（読む前の準備活動、1～2）、本作業（目的を持って読む活動、3と4）、後作業（細かく読む、内容の理解を深める、理解した内容を使って日本語を使うなどの活動、7～10）のように構成されています。技能別の授業では、後作業で文法などの言語項目の学習やほかの技能を使った練習をすることも多いです。

【質問30Q】
みなさんが【質問27】で思い出した授業の中の活動は、目標を達成するためにそれぞれどんな目的を持っていましたか。目標を達成するために適切に並べられていましたか。

③評価のしかたを考える
　授業の目標を立てるときのポイントcは、評価についてでした。ふつう教師は、授業中に、その授業で目標としたことを学習者ができるようになったかどうかを確かめています。授業中に学習者全員ができるようになったか確認する時間がとれない場合は、たとえば、クラスで中ぐらいの成績の学習者ができるようになったら、だいたい目標が達成できたと考えるなど、目安となる学習者を決めて確認することもできます。

【質問31Q】
Q先生の授業では、活動の中で授業の目標が達成できたかどうか、どのように評価することができると思いますか。

　Q先生の授業では、3（ポイントの読解）、4（全体の読解）で学習者がどれぐらい内容を理解しているかを見ることができるでしょう。また、授業の最後に3分ぐらい時間をとって、学習者に自分がどれぐらいできるようになったかを評価させてもよいでしょう。（2-1（1）③「学習者アンケート」参照）。

【質問32Q】
みなさんは、【質問27】で思い出した授業で、その授業の目標が達成されたかどうかをどのように評価しましたか。

整理しましょう

授業を設計する際に教師は、その時間に何を教えるのか（学習者は何を学ぶのか）を「目標」として決め、その目標に到達するためにいくつかの「授業活動」を計画します。そして、授業活動を通して学習目標が達成できたかどうかを「評価」するための方法も、いっしょに準備します。

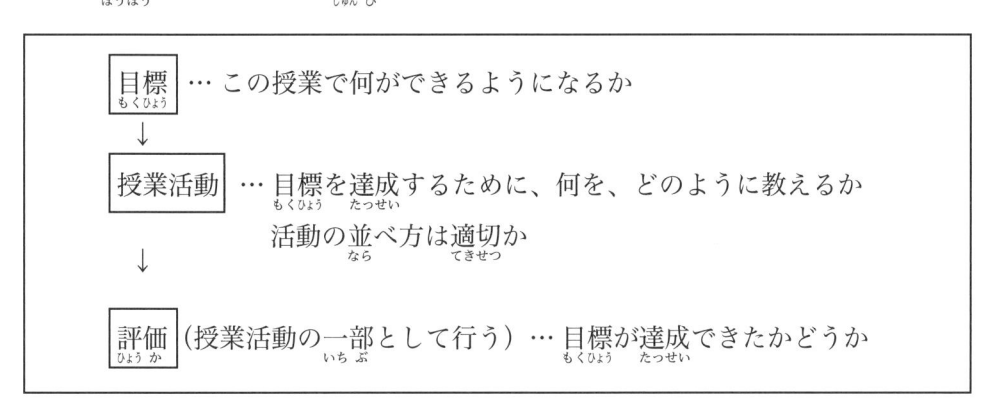

```
目標 … この授業で何ができるようになるか
 ↓
授業活動 … 目標を達成するために、何を、どのように教えるか
         活動の並べ方は適切か
 ↓
評価（授業活動の一部として行う）… 目標が達成できたかどうか
```

効果的な授業やコースは、この3つがしっかり関連していて、一貫性があります。

P先生とQ先生の授業を授業の構成の点からふり返ると、それぞれ次のように、改善につなげるポイントが見えてきました。

	P先生	Q先生
目標	(改善案)学習者にとって、身近で、具体的な場面や相手を想定する。	(改善案)どのように文章を読んでどんなことを「理解する」のかを明らかにする。
授業活動	(改善案)この後に応用練習が必要。	前作業、本作業、後作業がある。
評価	(改善案)練習の中で評価のための情報を集める。	(改善案)教師が学習者の活動の結果をよく見て評価する。
3つの関連、一貫性	(改善案)次の授業で応用練習や評価の活動を取り入れる。	内容の理解を中心として、一貫性のある授業になっている。(改善案)学習者の内容理解を深める活動として後作業（ディスカッション）の内容を評価する方法も考える。

【質問33】

【質問27】で思い出したみなさんの授業には、目標と授業活動と評価に一貫性がありますか。前ページの表を参考にして整理してみましょう。

(2) 教案を使って授業をふり返る

教案とは、教師が授業で行おうと思うことを書いたもの、授業の目標への教育的な手順を書いたものです。授業計画という名前で呼ばれることもあります。

教案は、①授業の前、②授業中、③授業後のそれぞれの段階で次のように利用することができます。この本では、特に、③授業後に授業をふり返り、授業を改善する道具として教案を利用することを提案します。

---

①授業の前＜授業の準備をする＝教案を書く＞

授業の目的や目標、活動を自分で確認し、授業を具体的に思い浮かべながら準備します。教案を書くことで、目標、授業の流れと個々の活動、評価活動の入れ方、時間の使い方、準備する教材とその使い方などがはっきり確認できます。

---

②授業中＜授業をする＝ときどき教案を見る＞

教えながら活動の順序や時間の使い方を確認するために使います。予想していなかったことが起こったら、そのとき判断して内容や順番を変えますが、教案があると、その授業のポイントとなる内容をその場で確認できます。さらに、変更した場合、どの部分をどのように変えたか後で思い出しやすくなります。

---

③授業の後＜授業をふり返る＝教案を見ながら考える＞

教案は、授業の細かいところまで思い出すのを助けてくれます。また目標・授業活動・評価の流れに改善する点はないかを考えるのに役に立ちます。授業について気がついたことや改善するといい点を教案に書いておくと、次に同じような授業の準備をするときに役に立ちます。

教案を書くことは、頭の中で考えるのと違って時間がかかります。しかし、自分の頭の中にあることを紙の上に見える形にするので、自分の授業の準備のしかたや授業をふり返るときにとても便利な道具になります。自分で無理なくできる方法を

考えて、ぜひ一度教案を使って授業をふり返ってみてください。

やってみましょう

《課題7》

実際に教案を書いて授業を行い、授業の後で教案を見ながらふり返ってみましょう。教案を書くとき、ふり返るとき、以下の①、②を参考にしてください。

①授業の前に教案を書く
- (a) 必ず目標と授業活動（活動と順番）と評価のしかたの3つを書く
- (b) 母語で書いてもいい
- (c) 初めて教えるコースや、何か問題を見つけてその改善を実行する授業なら、ていねいにくわしく書く
- (d) 何度も教えていて慣れている内容の授業ならかんたんに書いてもいい

②授業の後でもう一度教案を見る
- (a) 授業の目標が達成できたかどうかふり返る
- (b) 教案と実際の授業との違いを比べる。なぜ変えたのか、変えてよかったかどうか考える
- (c) 教案に書いた方法や実際に使った方法のほかにもっといい方法がなかったかどうか考える
- (d) 教案を見ながら授業や学習者について気がついたことや思い出したことを書いてみる

<資料１>　C先生の例(授業の文字化)

T：じゃ、絵を見て練習しましょう。
　　1人1枚。絵を見ますね。
　　どうぞ、どうぞ。絵を見ましょう。例のところですけど。
　　マリアさんは1キロ泳げます。1キロ泳げます。泳げます。泳げますね。じゃ、1、見ましょう。1は…。(S1を見て、1の絵を指さす)
S1：手紙。
T：手紙ですね。はい。
S1：日本語の手紙。
T：日本語。何をしていますか。
　　この、マリアさんは…
S1：書きます。
T：書きます。はい、さっきのように。書きます、書けます。じゃ、例のように言いましょう。マリアさんは…(全員を見る)
Ss：手紙を書けます。
T：手紙を書けます。ええーと。手紙を書けます。ええーと。手紙を書きます。手紙が書けますね。じゃ、2を見てみましょう。何をしていますか。(S2を見て、2の絵をさす)マリアさんは何をしますか。
S2：食べます。
T：その食べ物は。
S2：すし。
T：何でしょう。ああ、すしです。おすし。食べます。おすしを食べます。さっきと同じように、おすしが食べ…
S2：食べられます。
T：食べられます。
S4：食べたいです。
T：食べたいです？　食べられます。はい、食べられますね。はい、マリアさんはおすしが食べられます。いいですか。じゃ、次、見ていきましょう。(S3を見て、3の絵をさす)何をしますか。この人は。
S3：マリアさんは料理をします。
T：マリアさんは料理をします。はい、例のよう、言いましょう。マリアさんは…。
S3：料理ができます。
T：いいですね。じゃ、次。(S4を見て、4の絵をさす)
T：♪さくら、さくら＜Tが歌う＞
S4：歌います。
T：歌いますね。じゃ、歌…
S4：えます。
T：歌えます。何ですか。♪さくら、さくら。
S5：歌。
T：歌ですね。日本の歌ですね。はい、日本の歌が…(全員を見る)
Ss：歌えます。
T：じゃ、次。(5の絵をさす)
S5：電話します。
T：電話します。電話が…
S5：電話ができます。
T：はい、いいですね。マリアさんは電話ができます。じゃ、6は何でしょう。(全員を見て、6の絵をさす)
S3：車です。
T：車ですね。何をしますか。この人、マリアさんは。
S3：運転。
T：運転します。はい、運転…
S3：できます。
T：できます。マリアさんは車の運転ができます。車を運転できます。はい、じゃ、7。(S4を見て、7の絵をさす)それ…なんですか。

S4：音楽。

T：音楽。はい、音楽になりますね。そのものは何でしょう。バイオリンですね。バイオリン、バイオリン。

S4：バイオリン。バイオリン。

T：何をしますか。(全員を見る)

Ss：ひきます。

T：ひきます。ひ…

S4：ひけます。

T：バイオリン、ひけます。真ん中は。マリアさんはバイオリン…

S4：が、を

T：バイオリンがひけます。はい、いいです。じゃ、次。(S5を見て、8の絵をさす)起きます。起き…

S5：起きられます。

T：起きられます。いいですね。ふつう、みなさん、何時に起きますか。

S5：8時に起きます。

T：8時ですか。はい。S2さんは。

S2：9時。

T：9時です。うん。S3さんは。

S3：7時です。

T：7時です。早いですね。じゃ、起きられます。早い。どうしましょう。早い、起きられます。早い、起きられますか。

S3：早く起きられます。

T：早く起きられます。マリアさんは早く起きられます。じゃ、次、9番。(S1を見て、9の絵をさす)

S1：シャワー。

T：シャワーですね。シャワーですか。

S5：おふろ。

T：おふろ。シャワーは、その、もう、立ってですね。あびますね。おふろです。じゃ、おふろ、何をしますか。

S5：入ります。おふろに入ります。

T：おふろに入ります。はい、例のように…。どうですか、おふろに…。(全員を見る)

Ss：おふろに入れます。

T：入れます。はい、わかりました。入れますか。おふろに入れますか。

S3：入れますか。入ります。

T：熱い、熱い。大丈夫ですか。

S3：大丈夫です。

T：大丈夫です。はい、わかりました。じゃ、最後、10番、やりましょう。(10の絵をさす)何をしますか。マリアさん。

Ss：空手。

T：空手。はい、空手をしますね。じゃ、例のように。　(以下、省略)

この文字化資料は、政策研究大学院大学日本語教育指導者養成プログラム（2007年度）の教授法授業で行われた模擬授業を元に、C先生の基本練習の一部として再構成したものである。

3 教え方を改善するための活動

　この章では、第2章で教え方や授業をふり返って見つけた問題や課題を解決する活動、つまり教え方を改善する活動を紹介します。課題の解決方法を考えるとき、その課題の背景や原因について、いろいろな視点から見ることが必要です。1人でいろいろな視点を持つことは難しいので、この章では主に「他者との対話」を取り入れた活動を紹介します。ほかの人と話し合うことで、それぞれの人が持ついろいろな角度からの見方が参考になり、解決に役に立つと考えるからです。

　教え方の改善を考える方法として、以下の4つを取り上げて紹介します。

3-1. 1つの課題をみんなで考える

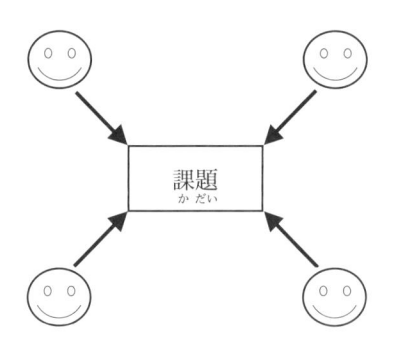

3-2. それぞれの課題をみんなで考えて改善する

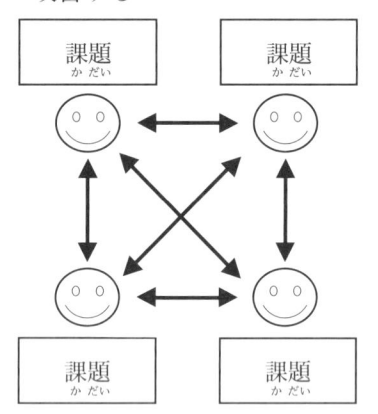

3-3. 改善を研究につなげて発表する（アクション・リサーチ）

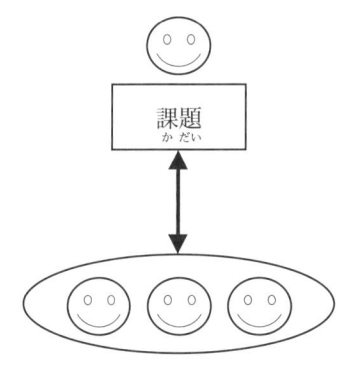

3-4. みんなで学ぶ場を作る（研修会やセミナー）

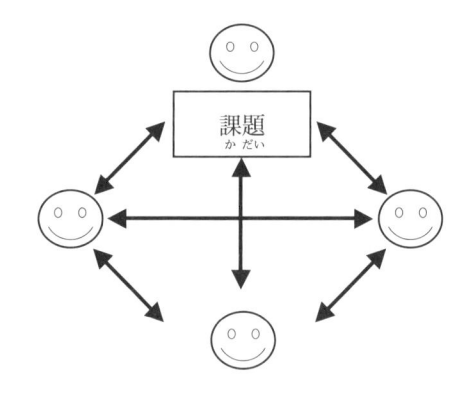

3-1. 1つの課題をみんなで考える

ふり返りましょう

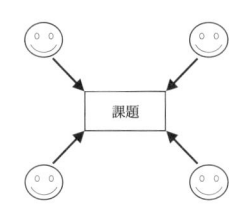

「学習者にとっておもしろい、楽しい授業がしたい」「どうしたら学習者がもっと積極的に授業に参加するだろう」「どうしたら学習者のやる気を引き出せるだろう」と考えたことはありませんか。教師ならだれでも一度は考えたことがある問題ではないでしょうか。

【質問34】
学習者のやる気を引き出したり動機を高めたりするために、どんなことをしていますか。また、それは成功していますか。具体的な活動とその効果を書き出してみましょう。そして、研修やグループで勉強している人は、おたがいにどんなことをしているか、話し合ってください。

していること	その効果
(例) 日本の生活を紹介するビデオを見せて、見たことについて習った文型で言ってみる。	(例) 学習者は日本の生活に興味を持っているので、習った日本語でビデオで見たことを言えるのがうれしくなってやる気につながる。

<ヒント>
ゲームをする、学生が好きなアニメの内容を例文に使う、日本の物を教材に使うなど、いろいろな工夫が考えられます。

やってみましょう

「やる気を引き出す授業のテクニック」『日本語教育通信』56号（2006年9月）https://www.jpf.go.jp/j/project/japanese/teach/tsushin/bn/dw_pdfs/nk56_06-07.pdf（＜資料2＞pp.70-71）では、次のように「やる気」を引き出す具体的なアイディアと考え方を紹介しています。

(a) ほめる・はげます
(b) テストをする
(c) クラスメートの仲間意識を育てる
(d) 学習者1人1人を大切にする
(e) 学習者が興味を持つものを使う
(f) 個人的なこと、本当のことを使う
(g) ちょっと難しいレベルにする
(h) 活動の目的、ゴールをはっきりさせる

【質問35】

＜資料2＞を読んで、次の(1)～(3)について考えてください。

(1) (a)～(h)のアイディアのそれぞれがどんなものか整理してください。

(2)「学習者のやる気を引き出すために教師は何をするのか」という視点から、(a)～(h)のアイディアを表に整理してみましょう。

①学習者の気持ちや興味に働きかける	(a)(c)(f)
②学習者に前より上手になったことを知らせたり、達成感を感じさせたりする	
③授業を学習者にとって気持ちのいい時間にする	
④学習者に学習する意味や目標がわかるようにする	

(3) (1)(2)で整理したことを、【質問34】で書いた自分やほかの人がしているやる気を引き出す活動と比べてみましょう。似ているものや考え方が近いものがありましたか。あったら集めて整理したり分類したりしてみましょう。

学習者のやる気を引き出すために、自分がしていることとほかの人がしていることを比べて、どんなことに気がつきましたか。自分では考えたことのないアイディアや活動がありましたか。これから試してみたいものがありましたか。自分がしていることの中に、ほかの人にとって役に立つものもあったでしょうか。また、ほかの人との情報交換を通して、さまざまなアイディアや視点があることが確認できましたか。

《課題8》

「学習者のやる気を引き出す」のように、教師が共通して持っている課題を1つ選んで、解決のアイディアや実行していることを話し合ってみましょう。出てきたアイディアや考え方が似ているものを整理したり分類したりしてみましょう。

<ヒント>
教師が共通して持っている課題には、「遅刻（欠席）を減らす」、「学習者が宿題をやってくるようにする」、「日本語学習者を増やす」などが考えられます。

3-2. それぞれの課題をみんなで考えて改善する

　この本では、自分の教え方をふり返り、教え方を改善していくときに重要なことは、図3のプロセスを続けていくことだと考えています。その過程で、3-1で紹介したようにさまざまな視点から考えることが役に立ちます。3-2では、このプロセスを利用して教え方の改善をこころみた海外の研修会を紹介します。

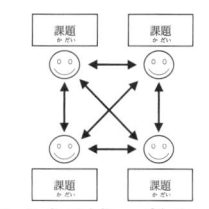

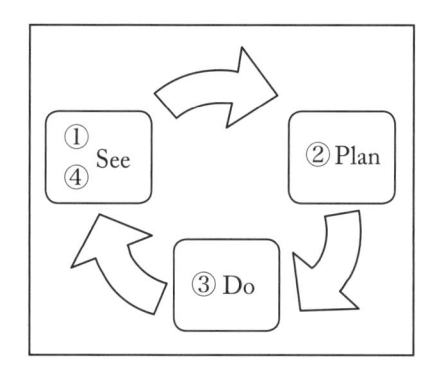

図3　教え方の改善のプロセス
（①④ See → ② Plan → ③ Do →）

　まず、図3の①から④に、ステップという名前をつけて、それぞれのステップで何をするかをもう一度整理してみましょう。

ステップ１）問題の発見：
何が問題か見つけるだけでなく、問題の原因や関係していることがらを明らかにする。教師の力で改善可能かどうかも考える。

ステップ２）改善の計画：
1)で考えた原因やことがらに対してどんなことができるか、改善が実行できるかどうか、いろいろな視点から具体的な方法を考える。その方法を行った場合に予想される結果や、改善を行う前に取りのぞかなければならない障害なども考えておく。

ステップ３）改善の実行：
いくつかの方法から学習者や環境を考えて、実行できるもので効果がありそうなものを選んで実行する。実行したこととその結果を記録する。実行する前にどのような方法で記録するかも決めておく。

ステップ４）結果の観察・行動のふり返り：
予想どおりの結果だったかどうか、記録を見て分析し、なぜそのような結果になったのかを考える。また、その結果や変化からどのようなことがわかったか整理する。

考えましょう

以下は、ある国で実施した教師研修の一部です。研修の目的は、参加者がおたがいに協力しながら、それぞれの教え方を改善すること、研修は、週１回90分で15回（約３か月半）でした。研修で行った活動の流れを上の４つのステップでまとめてみました。

改善のステップ	教師研修会の流れ
ステップ１）問題の発見	①「問題だと感じている状況」と、②「今までにやってみたこととその結果」を研修の中で話す。
ステップ２）改善の計画	③ほかの教師と話し合ったり、アドバイスを受けたりする。
ステップ３）改善の実行	④自分で考えたことやほかの教師のアドバイスの中からひとつまたはいくつかを選んで実行する。
ステップ４）結果の観察・行動のふり返り	⑤自分が選んだ解決方法を実行した結果とふり返りを研修の中で発表して、その後レポートにまとめる。

この研修会に参加した教師の中から3人（高校教師のK先生、大学教師のL先生とM先生）の課題を例にして、教え方の改善のプロセスを少しくわしく見ていきましょう。

ステップ1）問題の発見

【質問36】
研修の参加者になったつもりで3人の先生の問題を読み、解決のアドバイスを考えてみましょう。

高校教師K先生

①問題だと感じている状況	日本語の勉強を始めて1年たった高校2年生のクラス、学習者の日本語の力の差はどんどん大きくなっていく。日本語があまりできない学習者は、やる気もなくなっていくようだ。その中の1人は、ほかの学習者と比べて特におくれている。授業の活動にもあまり参加していないようだ。
②今までにやってみたこととその結果	その学習者を親しい友達の近くに座らせて、友達に説明してもらったり、ペアワークを取り入れたりしたが、あまり変化は見られなかった。

大学教師L先生

①問題だと感じている状況	2年生（初級後半）の「総合日本語」のクラスに、子どものときに日本に住んでいて、日本語能力試験2級（当時）に合格した学習者がいる。授業で文法の練習問題をするとき、1人だけ早く終わって、先の問題に答えている。今のクラスの内容はその学習者にはやさしすぎて、力が伸ばせないのではないか。
②今までにやってみたこととその結果	学習者本人に聞いてみたところ、日本語はわかるが文法の知識はまだ足りないので、今のクラスでいいと答えた。

大学教師M先生

①問題だと感じている状況	1年生の文法クラスでは、ほとんどの学習者が高校や日本語学校などで日本語を学んだ経験がある。しかし、日本語を勉強した経験があると言っても、知識や能力の差が大きく、忘れていることも多い。
②今までにやってみたこととその結果	初級の教科書を使って復習をしたら、学習者たちはもう勉強したことはやりたくないと言う。

どんなアドバイスが考えられましたか。みなさんの中には、同じような問題を経験した人もいるかもしれません。そのときにどのように対応したかもアドバイスする上で参考になるでしょう。

ステップ２）改善の計画

研修会の参加者のアドバイスは以下の通りでした。みなさんが考えたアドバイスと同じものがありますか。

高校教師K先生

③ほかの教師からのアドバイス	a. ペアワークなど友達といっしょに学ぶ機会をもっと増やす。 b. 学習者がよくできたらほめる。 c. 能力に合わせた問題や課題を出す。

大学教師L先生

③ほかの教師からのアドバイス	a. その学習者の答える早さだけではなく、答えの正しさにも注意する。 b. 能力に合わせて、少し難しい課題を出す。 c. できない学習者を助けるなど、教師のアシスタントのような役割を与える。

大学教師 M 先生

③ほかの教師から のアドバイス	a. 文法の復習か、使えるようになる技能の練習か、授業の目標をはっきり決めて、学習者に知らせる。 b. 学習者に交代で授業報告書を書かせて、何を勉強しているか確認させる。

ステップ３）改善の実行〜ステップ４）結果の観察・行動のふり返り

　３人の教師が研修会でほかの教師からアドバイスをもらった後で何をしたでしょうか。実際に３人が何をして、その結果をどのようにふり返ったか見てみましょう。

高校教師 K 先生

④実行したこととその後の経過	その学習者がよくできたときにほめたら、よく勉強するようになった。学校外の日本文化紹介のイベントに行きたいと言ったり、日本語の授業にも積極的に参加するようになった。
⑤教師のふり返り	学習者にとって、教師が自分のことを気にかけて、よく見ているとわかったことがよかったようだ。

大学教師 L 先生

④実行したこととその後の経過	同じクラスの聴解の授業を担当している教師と作文を担当している教師に相談した。聴解の教師は、その学習者はよくできていると言ったが、作文の教師はもっと深く考えて書いてほしいと思っていることがわかった。ほかの教師たちは、できるだけほかの学習者と違うことをさせないほうがいいという考えだった。教師の間で話し合い、その学習者が１年上の３年生のための日本語能力試験２級準備クラスに参加することを許可した。
⑤教師のふり返り	同じ学習者を担当している、ほかの教師と話し合って、学習者の授業での様子やおたがいの考え方がわかったことがよかった。

大学教師 M 先生

④実行したこととその後の経過	文法の復習より日本語を使う技能を伸ばすことを目標にした授業に変えた。学習者にどんな勉強をしたいか希望を聞いたら、日本語の歌を使って勉強したいと言った。歌の歌詞の中で習った文法を探したり、翻訳をさせたりしたら、学習者は積極的に授業に参加するようになった。
⑤教師のふり返り	学習者の希望を聞いてみることや学習者が積極的に参加できる活動を行うことが大切だと気がついた。

【質問37】

それぞれの教師は、ステップ2) のどのアドバイスを改善に結びつけましたか。また、「⑤教師のふり返り」を読み、それぞれの教師がどのようなことを学んだのか確認しましょう。

　3人の教師は、ほかの教師といっしょに考え、改善案の1つの方法を実行してみました。その結果、それぞれ状況を改善することができました。そして、大事なことは改善のための実行を通して、自分の学習者や教授環境（授業やコース、ほかの教師など）を以前より深く理解できるようになったことです。この経験によって、3人の教師が次にほかの課題に出会ったときにこんどは自分の力で解決したり改善できるかもしれません。

　問題や課題の解決方法を1人で考えるのは、難しいことです。この活動のように数人でおたがいの課題を考えることには、次のような利点があります。
　① ほかの人に話すことで、自分の問題がはっきりわかる。
　② さまざまな視点に気がつきやすく、より多くの改善方法が得られる。
　③ 助け合い、はげまし合って、それぞれの解決や改善に取り組むことができる。
　④ ほかの人の課題を聞いて、解決を助けることで、課題解決の練習をすることができる。

やってみましょう

《課題9》

ステップ1)～4)を使って、自分自身の授業の改善をやってみましょう。できれば、研修などで、ほかの人といっしょに取り組むといいでしょう。

3-3. 改善を研究につなげて発表する
　　　―アクション・リサーチ―

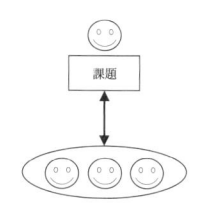

「自分の教室の中や外の問題や関心があることについて、教師自身が理解を深め、教え方や学習者への接し方などを改善する目的で行われる調査研究」(横溝2000：17)をアクション・リサーチと言います。

アクション・リサーチは以下のようなステップで行われることが多いです（同：40）。この本で紹介している「教え方の改善のための4つのステップ」は、アクション・リサーチのステップを簡単にしたものだと言えます。アクション・リサーチでは調査研究の結果を発表するステップがあります。

表1　アクション・リサーチのプロセス

アクション・リサーチのステップ	内容・すること	
①改善したいテーマの発見	困っていること、知りたいことを見つける	ステップ1
②テーマや課題を明らかにする	何が問題かをよく考える	
③情報を集める	今までに行われている研究を調べる	
④実際に何が起こっているのか調べる	授業観察（録画）、アンケート、テストなどを使って調べる	
⑤改善の方法を考える	どのような方法が適切かを考える	ステップ2
⑥改善を実行する計画を立てる	いつ、どんな改善をするか。結果をどのように調べるかを考える	
⑦計画を実行する	計画を実行する	ステップ3
⑧結果を調べて、分析する	改善の実行前と比べるデータを集めて分析する	ステップ4
⑨結果について考える	なぜこのような結果になったか（うまくいった、またはいかなかったのはなぜか）	
⑩結果を発表する	ほかの教師に知らせて、いっしょに考える	

考えましょう

『日本言語文化研究会論集』（政策研究大学院大学）の論文の中には、海外の現場でノンネイティブ教師がアクション・リサーチの考え方で行った実践研究が掲載されています。この論集の中から、「学習者が話せるようになる授業」をテーマにした研究を取り上げ、「教え方の改善のための4つのステップ」の枠組みで見てみましょう。

『日本言語文化研究会論集』は、次のサイトで読むことができます。

http://www3.grips.ac.jp/~jlc/jlc/essay.html

【質問38】

ここでは、ラミレス・ハラ，ホセ・アントニオさん（以下、ホセさん）の「学習者が話せるようになる授業への改善の試み―ペルー日系人協会日本語・語学センターの初級を例に―」という論文を取り上げます。

http://www3.grips.ac.jp/~jlc/jlc/ronshu/2009/Jose.pdf

ホセさんの論文を読み、次ページに「ホセさんのアクション・リサーチ」のステップ1～4について簡単にまとめてみました。pp.61-62の　　　　　に下の要旨からわかることを書いて、完成させてください。

要旨

　項目積み上げ式の授業が行われている筆者の所属機関の初級段階においては、(1) 学習目標がコミュニケーションを意識したものになっていないこと、(2) 意味を重視した活動を取り入れていないこと、(3) 従来の授業構成が習得に結びつきにくいことといった問題点が見られる。本研究では、これらの問題点に対して、(1) コミュニケーションを意識した学習目標を設定すること、(2) 意味を重視した活動を取り入れること、(3) 第二言語習得過程に配慮した新しい授業構成を採用することといった改善案を作成した。具体的に(1) と (2) はロールプレイ、(3) では談話の学習と Focus on Form[注]の考え方を採用した。6日間の実習授業を行った結果、授業の前後で学習者の発話、特に談話の構成に向上が見られ、実習の授業が学習者と教師の双方から肯定的に受け止められたことから、改善案に一定の成果と実現可能性があることが明らかになった。

注：学習者にとって意味のある伝達活動の中で言語の形式にも注目させる指導法

ホセさんのアクション・リサーチ

研究の背景
ペルーにある一般成人を対象とした日本語教育機関の初級コース。授業は、市販教材を使い、機関が作成した教案に基づいて行われている。日本への留学や日本で働きたいと考えている学習者が多い。

ステップ1　問題の発見

ステップ2　改善の計画

（ⅰ）新しい研究や教授法から改善のヒントを探す。
 ・修士コースで「教授法」「第二言語習得研究」などを学ぶ。
 ・テーマに関係のある文献（本や論文）を読む。
（ⅱ）自分の現場で可能な改善の計画を考える。

ステップ3　改善の実行とデータの収集

（ⅰ）改善計画にしたがって教案と教材を作成し、1日90分の授業を6日間行った。
（ⅱ）6日間の最初の日と最後の日にロールプレイを行い、課題の達成度と発話の変化を見た。授業後に学習者にアンケートを行い、同僚の教師に授業の一部のビデオを見せてアンケートに答えてもらった。

ステップ4　結果の観察・行動のふり返り

（ⅰ）授業の前後に行った2回のロールプレイの変化

　前に学習した内容だったので、2回のロールプレイはどちらも課題を達成していた。談話や使用する表現については、授業の効果があらわれていて、2回目の方が質的、量的に向上していた。

（ⅱ）学習者と教師に対するアンケート結果

（ⅲ）教師のふり返り

　コミュニケーションを意識した目標設定と、それを実現する練習活動を授業に取り入れることは大切である。この改善案を進めるためには、今後、ほかの教師と協力してロールプレイなどの教材作成と会話能力の評価方法の検討が必要だ。

　この研究は、ウェブサイトにも全文が載っているので、インターネットを利用している世界中の日本語教師が読むことができます。また、帰国後ホセさんは、所属機関やペルーの教師会でこの研究について発表して、ほかの教師とやりとりをしました。これは表1のアクション・リサーチのステップ⑩の結果の発表にあたります。

【質問39】

あなたが研究会でのホセさんの発表を聞いたら、どんなコメントや質問をすると思いますか。以下の点について、考えてください。

①研究背景や課題や問題は、あなたの教育現場と似ているところがありますか。
②研究結果は、あなたの教育現場で役に立つ部分がありますか。
③研究についてホセさんに質問したいことがありますか。

　アクション・リサーチは、教師が自分の課題や問題を解決するために行うもので、多くの教師に利用できる一般化した理論を作ることが目的ではありません。しかし、それぞれの教育環境は違っていても、教師がかかえる課題や問題には共通点が多く見られます。リサーチの結果を発表すれば、共通の問題意識を持つ教師の参考になりますし、ほかの教師と情報や意見を交換できます。

《課題10》

『日本言語文化研究会論集』やそのほかの研究雑誌から自分の興味がある課題や問題を扱った実践研究を選んで、改善の流れを整理してください。

タイトル （雑誌名）	
研究の背景	
ステップ1 問題の発見	
ステップ2 改善の計画	
ステップ3 改善の実行と データの収集	
ステップ4 結果の観察・行 動のふり返り	

《課題11》
自分のアクション・リサーチの計画を立ててください。計画を立てたら、計画にそってアクション・リサーチをやってみましょう。p.54の4つのステップ、またはp.59の表1アクション・リサーチのステップのどちらかを選んで計画を立ててください。

　教師の役割の1つは、学習者が主体的に学べるようにすることです。最近では、学習者がよりよく学べるようにするために、教え方の改善に関する実践的な研究が必要だと考えられています。アクション・リサーチは、教師の実践的な研究として、教師自身の成長のためにも、またほかの教師と共有して、広く役立てることのできる研究としても意義があるとされています。
　アクション・リサーチをする場合、次のような問題意識が出発点になるでしょう。
　例）学習者がなかなかコミュニケーションできるようにならない。
　　　話す能力の評価はどのようにしたらいいか。
　　　学習者が自分で考えて話す練習をしているか。
　　　自分の授業やコースの目標と教育内容と評価がつながっているか。

同じ機関や同じ課題を持っているほかの教師といっしょにアクション・リサーチに取り組むと、複数の視点で考えることができるので、よりよい改善が考えられるでしょう。

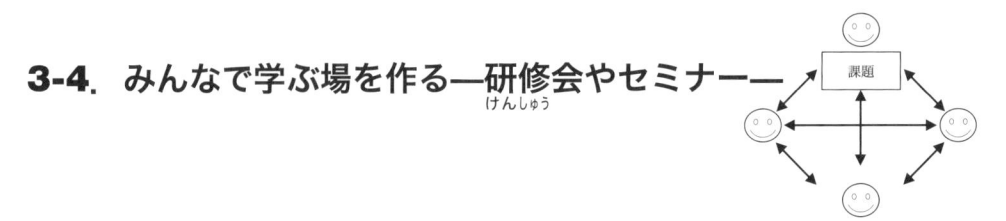

3-4. みんなで学ぶ場を作る—研修会やセミナー—

　3-2は、教え方の改善をテーマにしたある国の研修会の例でしたが、各地で教師のための研修会やセミナーがひんぱんに行われるようになりました。参加する教師や取り上げる内容が違っても、教師研修の目的は、1人1人の教師が自分の「教え方を改善する」ことだと言えます。研修会やセミナーには、講師の話を参加者が聞く講義や講演会の形式もありますが、最近はワークショップ形式の研修も増えてきました。ワークショップとは、参加者が個人やグループで何かを作ったり考えたりすることを通して、ともに学び合う活動のことです。3-2の教師会もワークショップ形式で行われたものです。

　この本の読者の中には、教師研修を計画したり講師になったりする人もいると思います。そこで、ワークショップ形式の教師研修のデザインのしかたとその例を紹介します。基本的な研修の流れは以下のようになります。ここでは、具体的な指導法について考えるという内容で、連続ではなく1回のものを想定しています。

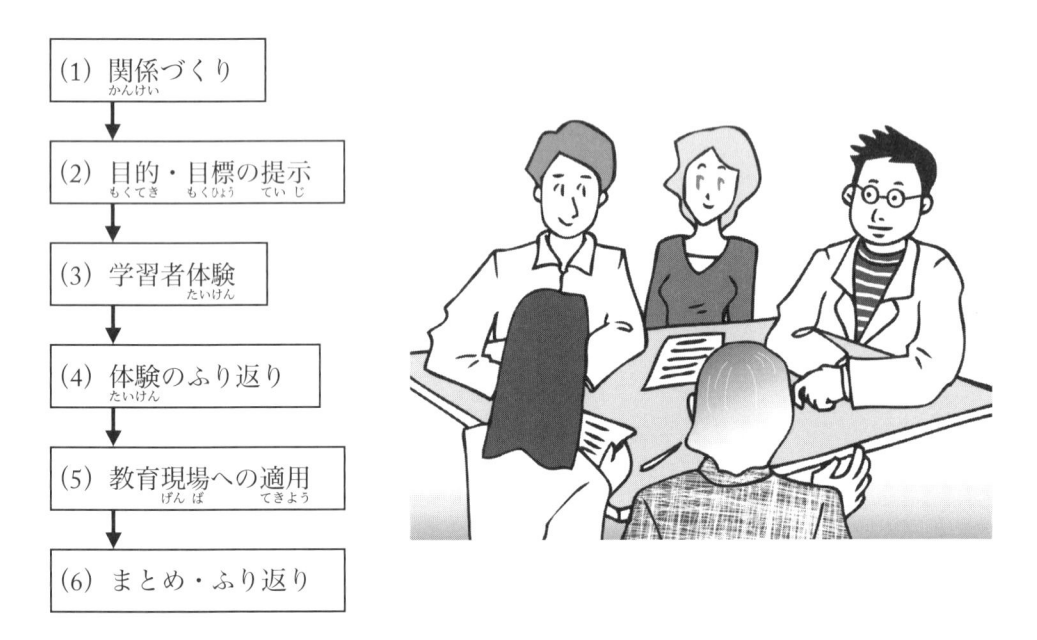

(1) 関係づくり
↓
(2) 目的・目標の提示
↓
(3) 学習者体験
↓
(4) 体験のふり返り
↓
(5) 教育現場への適用
↓
(6) まとめ・ふり返り

それぞれの部分の目的や内容は次の通りです。

(1) 関係づくり

＜目的：参加者が安心・協力して学べる雰囲気を作る＞

　教師研修の参加者は、おたがいに初めて会うということも多いでしょう。ほかの参加者がどんな教師かと考えて、ちょっと緊張していることもあります。研修会では、参加者がリラックスして質問したり、意見や感想が言えたりするとよく学べます。講師からだけでなく、教師である参加者がおたがいに情報交換して、学び合う機会になるように、安心して自由に話せる、協力し合える場を作ることが大事です。
　そのためには、研修のはじめにおたがいを知り合う活動（アイスブレーキング）をするとよいでしょう。そのほか、参加者の名札を準備すれば声をかけやすくなりますし、休み時間に飲み物やお菓子などを出しておしゃべりの場を作ることも１つの方法です。（アイスブレーキングのアイディアは解答・解説編 p.92 を参照）

(2) 目的・目標の提示

＜目的：参加者にとって意味のある内容を扱うことを伝え、積極的な参加を促す＞

　研修の目的は何か、参加することによってどのようなことが得られるのかをはっきり具体的に提示しましょう。さらに、前提となる状況や考え方についても共有しておくといいでしょう。参加者は現職の教師なので、研修内容が自分にとって役に立つと思えると、積極的に参加できます。

(3) 学習者体験

＜目的：経験を通して学ぶ＞

　新しい教材や教室活動、指導法の紹介をする研修の場合、いちばんいい方法は学習者になって学んでもらうことです。講師が教師役になり、紹介する教材や教え方を使って、できるだけ授業に近いやり方で学習者体験をする時間を作ります。参加者に、学習者になったつもりで参加するように言うと、自分の学習者をまねて間違えたりおもしろいことを言ったりして、みんなを笑わせる人が出てくるかもしれません。楽しい雰囲気になりますし、参加者がどんな学習者を教えているのかもわかります。

(4) 体験のふり返り

＜目的：体験の意味を参加者が自分で発見する＞

学習者体験をした後で、まず、気がついたことを1人でメモにまとめたり、となりの人や小さいグループで話したりする時間を取ります。次に、そこで出た意見を全体に向けて発表して共有します。全体として、どんな発見や意見が出たか／多かったか、それはなぜか、いっしょに考えます。1人で考えていたときに思いつかなかったことがグループで考えられたり、ほかのグループからの報告で聞けたりします。ここで、講師がさらに説明を加えたり、理論的な背景を紹介したりしてもいいでしょう。

(5) 教育現場への適用

＜目的：研修の内容を自分の教育現場と関係づける＞
　どんなにいい教材や教え方だと思っても、参加者が自分の学習者に対して使えなければ意味がありません。自分の現場で使えるようにするために、できれば教授環境が似ている人とグループを作って、自分たちが教えるときにその教材や教え方が具体的にどのような形で使えるかをいっしょに考える時間を作ります。グループで考えたものを発表して、質問をしたり、どこがいいか、もっとよくするためにどうしたらいいか、おたがいにコメントし合います。そうすると、教材や教え方についての理解が深まり、参加者の関係もよくなります。
　それから、参加者が指摘しなかったことで講師が大切だと思うことを伝えます。以下のような視点を参考にフィードバックするといいでしょう。

・研修で紹介した考え方がうまく使われている点、または誤解されている点
・ほかの参加者にも共通の課題や問題となりそうな点
・講師自身が経験して失敗したことや解決したこと

(6) まとめ・ふり返り

＜目的：研修で学んだことや自分の学び方を確認する＞
　研修の開始時に示した目的・目標が達成できたかどうか、どんなことが学べたか、気がついたか、自分の現場に持ち帰ることができるもの（アイディア）は何かを参加者がそれぞれに確認し、話し合います。学んだこと、気づくことは人によって違うことも多いので、人の話を聞いて意外に思ったり、自分もそうだったと気づいたりすることがあります。自分の参加のしかた、講師の進め方や研修の構成や時間配分などが適切だったかについても話し合ってもいいでしょう。

　次に、具体的に研修会をどのようにデザインするかを見ていきましょう。「ロールプレイを使った会話の教え方」というテーマで研修会を実施する例を紹介します。

****

「ロールプレイを使った会話の教え方」

1. 目的

初級後半から中級レベルの会話能力を伸ばす方法の1つとしてロールプレイという活動について、理解を深め、実際に自分の授業に取り入れる方法を考える。

2. 参加者

日本以外のある国。さまざまな日本語教育機関で初級後半から中級レベルの日本語を教えている教師。人数は会場が広ければ100名程度でも実施できる。

3. 時間

連続した3時間。間に1回15分の休み時間を入れる。

4. 研修会の流れ

   (1) 関係作り（15分）

   ① 3〜5人のグループでまず簡単な自己紹介（約3分）。

   ② 各グループで、「会話のクラス」と聞いて連想することばをできるだけたくさん書き出す（3分間）。

   ③ 会場全体に発表し、講師が中心になって分類する。

   注）どんなことばを出せばいいかよくわからない様子の参加者がいたら、ほかの参加者から例を出してもらうとよい。

   (2) 目的・目標の提示（5分）

   「会話のクラス」や「話す力」などのキーワードの定義を確認して、この会の目的・目標を明らかにする。

   例：「学習者が習った日本語を使って①か②ができるようになるためのロールプレイを取り入れた授業を設計する」または、「学習者が習った日本語を使って①か②ができるようになるためのロールカードを作る」。

   ①言いたいことや自分のことについて相手に伝えられる。

   ②相手とやりとりをして目的を達成することができる。

   (3) 学習者体験（40分）

   講師が準備した初級終了レベルのロールプレイを学習者として体験してみる。ロールプレイを考えるとき、以下のような教材が参考になる。

   ・国際交流基金（2007）『話すことを教える』ひつじ書房

   ・中居順子ほか（2006）『会話に挑戦！中級前期からの日本語ロールプレイ』スリーエーネットワーク

(4) 学習者体験のふり返り（30分）

体験を通して学んだことや感じたことを話し合う。以下のような点から整理する。

- 会話とは、会話能力（コミュニケーション能力）とは何か。
- 会話能力を伸ばすときに必要なこと（気づき、モニター、ストラテジーなど）
- 教師の役割
- 評価の方法
- 会話の表現をロールプレイより先に教える表現先行型とロールプレイをしてから表現を教えるロールプレイ先行型の授業の進め方

＜休憩15分＞

(5) 現場への適用（60分）

①グループまたは個人で、自分のクラスで使えるロールプレイ（ロールカード）を考える。作業中、講師は質問に答えたり、助言をしたりする。
②一部またはすべてのグループが発表し、おたがいに意見や感想を述べ合う。
③必要に応じて、講師から説明をする。

(6) まとめ・全体のふり返り（15分）

セミナーで学んだこと、セミナーの成果を今後どのように生かすか、生かせないとしたら、生かすために何が必要かを話し合う。

****

研修の時間が2時間程度なら、(5)の現場への適応を考える部分を少しけずるとよいでしょう。研修の時間や期間が長ければ、(3)の学習者体験の種類を増やしたり、授業設計や活動作成の発表や発表後のディスカッションをしたり、さらに活動集や教案集を作ったりするなど、(5)の現場への適用の時間を増やすことができるでしょう。

【質問40】

みなさんが「ロールプレイを使った会話の教え方」の研修会を実施するとしたら、上に紹介した例で変えた方がいいところがありますか。みなさんの現場や参加者に合わせてどんな工夫ができるか考えてみましょう。

《課題12》

みなさんの機関や地域などで多くの教師にとって共通の課題を取り上げて、研修会を計画してください。参加者や講師なども具体的に考えて、実際に研修会を行ってみましょう。

《コラム》学びの場の作り方

研修会やセミナーが参加者にとって、気持ちのいい学びの場になるために、次のようなことも考えておくといいでしょう。

1. 机や参加者の座り方

講義型、コの字型、島型などがありますが、どのようなものがいいでしょうか。会場の机やいすは動かせるかどうか確認しておきましょう。グループ作業のために大きいテーブル型の机があるといいですが、机が小さくても集めてテーブルのようにできると便利です。

2. 講師の位置や動き方

講師はどこにいるといいでしょうか。講師の動き方はどうでしょうか。グループ作業中や話し合いをしている間、ときどき、参加者の様子を見に行くといいです。それ以外の時間も講師が参加者に近づいたり、教室のあちこちに動くと、参加者の様子がよく見えますし、参加者の聞き方や参加のしかたが変わってきます。

3. 文字や視覚情報の利用

黒板やホワイトボードへの板書、ITを使ったプレゼンテーション、キーワードを紙に書いて見えるところに貼るなど、大事なことを文字や図で示すと強調する効果があり、印象に残りやすくなります。

4. 時間の使い方

意見を出したり何かを作ったりする作業や発表と発表の後の質問の活動は意外と時間がかかるものです。計画の中で十分時間をとること、時間を有効に使うために活動の時間を決めて知らせたりすることは大事です。タイマーなどで時間を管理したり、テーブルベルや残り時間を書いたカードなどで参加者に時間を意識させたりするといいでしょう。

<資料2> 『日本語教育通信』56号

☆授業のヒント

今回は学習者の興味とやる気を引き出し、学習効果を高め、授業を活性化する方法や工夫を紹介します。

テーマ やる気を引き出す授業のテクニック

目的	学習者が積極的に授業に参加できるようにする
学習者のタイプ	初級～上級
クラスの人数	何人でも

◆学習者はどんな時、やる気を持つか

私たちには「新しいことを知りたい」「もっと上手にできるようになりたい」という気持ちがあります。外国語の学習は、新しいことを知ることができ、できなかったことができるようになるので、とても楽しいものです。しかし、たくさんのことを覚えなければなりませんし、難しい規則を理解しなければならなかったりします。そんなときにもやる気をなくさずに勉強できるといいですね。

学習者がやる気を持って積極的に授業や勉強に取り組むのとそうでないのとでは、やる気を持っているほうが、ずっと学習の効果が上がります。今回は、教師のちょっとした工夫で、学習者のやる気を引き出すテクニックを紹介します。明日の授業から早速取り入れてみてください。

◆ほめる・励ます

学習者は自分が話したり書いたりした日本語が正しいかどうか、不安に思うことがあります。一方で、自分で試してみたいと思って積極的に発言することもあります。そういうとき、教師がきちんと学習者にフィードバックすることが重要です。よくできたときには「いいですね」「よくできました」と言って、よくできたということを伝えましょう。積極的に取り組んでいる学習者には、「がんばっていますね」「よく勉強していますね」など、励ましのことばをかけるとよいでしょう。そうすれば、学習者は自信を持って勉強が続けられます。

◆テストをする

日本語の勉強には、漢字、単語、動詞の活用形など、覚えなければならないことがたくさんあります。教室の中で楽しく活動しながら覚えることもできますが、一人で勉強して覚えることの方が多いのではないでしょうか。きちんと覚えられたかどうかを確かめるのに、テストは有効な方法の一つです。テストの結果をほかの人と比べるのではなく、自分がどれぐらいできたかを確かめるために使うように勧めましょう。学習者が自分は何ができて、何ができていないかがわかり、自分で自分の勉強のしかたについて考えることができるようになるように指導しましょう。そのためには、テストに出す範囲をあまり大きくしないことがポイントです。

◆クラスメートの仲間意識を育てる

海外で勉強している学習者の場合、教室は日本語が使える数少ない重要な場所です。クラスの雰囲気をよくし、一緒に勉強するクラスメートとの仲間意識を育てることも、学習者のやる気につながります。クラスメートに会って話すことが楽しいと思えれば、積極的に授業に参加できます。

また、クラスメートとやりとりをすることが楽しいと思えれば、積極的に日本語を使うようになります。ペアやグループでする活動の中で、クラスメートが日本語でできるようになっていることを見たら、ちょっと努力すれば自分にもできるようになるだろうと考えることができます。クラスメートとのやりとりが、教師の説明や励ましよりもずっと効果的な場合も多いです。

◆学習者一人ひとりを大切にする

授業中に、学習者一人ひとりの声を聞いていますか。たとえば、口頭練習のとき、全員一緒にさせるだけでなく一人ずつ練習させることも取り入れましょう。学習者は、自分を表現することができた、自分のしたことが認められた、他の人の役に立つことができたと思えると、やる気を起こします。そのために、教師は授業中にできるだけ学習者に発言させるようにしましょう。

そして、ふだん発言が少なく目立たない学習者に注意

を払うことが重要です。学習項目によっては、ふだん目立たない学習者の理解が早く正確なことがあります。そういうときは、その学習者に説明をしてもらうとよいでしょう。また、絵をかくのが上手な学習者の絵を教材として使ったり、歌が上手な学習者に日本語の歌を歌ってもらったり、それぞれの学習者のよいところを授業に取り入れるようにしましょう。自分の得意なことが授業の役に立ったという経験を持てば、日本語の授業が楽しくなるでしょう。

◆学習者が興味を持つものを使う

授業で扱う内容が学習者の興味や関心に合っていたら、自然と興味がわきます。また、学習者が学びたい、あるいは必要としている日本語であれば、これもやる気がおきるでしょう。例えば、読解文に学習者の関心のあるテーマを選ぶ、学習者が必要としている会話場面の会話を練習するなどが思いつくと思います。それ以外にも、教材が目新しい、方法が新しいなども興味を引きます。写真やビデオなどの視覚に訴える教材も効果的です。このとき学習者に人気のある俳優やキャラクターを出すと、学習者の注目を集めます。ここで重要なことは、学習者の注目を学習項目や練習にうまく結びつけることです。好きな俳優のことばかりを考えて、何を練習したかわからなかったということにならないように気をつけましょう。

◆個人的なこと、本当のことを使う

例えば家族の名称（父、母、兄など）を教えるときに、教科書などに出ている、知らない人の家族を見せながら説明するよりも、教師自身の家族の写真を見せたり、家族構成の話をしたほうが、学習者は興味を持ちます。語彙や文型を導入するときに、教師や学習者自身に関わる例文をあげたり、教師の体験を話しながら導入すれば、学習者の注意を引きます。

とくに初級では、教材用に作られた日本語、教科書に出ている日本語にしか触れられないということが多いので、日本語で書かれている生教材を使うことも効果的です。

例）看板の文字を読む

◆ちょっと難しいレベルにする

内容が簡単すぎても難しすぎても、学習者はやる気を失います。少し難しくて、学習者自身が「ちょっと難しいけど、がんばってやってみよう」と思うようなレベルがちょうどいいです。1回の授業で扱う学習項目を決めたり、活動を考えたりするときには、この点に気をつけましょう。例えば、学習項目が難しくて、学習者が途中で「こんなに難しいもの、理解できるかなあ、覚えられるかなあ」と不安に思いそうな場合は、「今日はこの用法だけ覚えましょう」などと言って、中間目標を示すのもいいでしょう。

◆活動の目的、ゴールをはっきりさせる

学習者がやってみようと思うようにさせるために、何を練習しているのか、何のために練習しているかを学習者に知らせるようにしましょう。これは○○を使う練習だとか、これを練習すると△△ができるようになるということがわかると、学習者は自分の学習のプロセスや成果を確認することができます。

また、学習者に活動を指示する場合には、何をすれば活動が完成するのかをはっきりさせましょう。例えば、次のロールプレイの指示を見てください。

> 例）夏休みが終わって、久しぶりに友だちに会いました。夏休みにあったことを話してください。

この例の場合、何をどのくらい話したらよいかわかりません。自分が適切に話せたかどうか確かめることも難しいです。誘いや依頼のロールプレイなら、誘いや依頼が成功したかどうかで、活動の成果が確かめられます。また、会話の流れや使われる表現もある程度決まっているので、それが使えたかどうかで満足感も得られます。

◆まとめ

学習者のやる気を引き出すテクニックをいくつか紹介しました。これらのテクニックが効果を発揮するには、教師と学習者の信頼関係が重要です。そして、教師が学習者のやる気を引き出そうとすることで、学習者からの信頼を得ることができるでしょう。一番重要なことは、教師が学習者一人ひとりに関心を持ち、どのような学習者であるかを理解しようとすることです。一人ひとりの学習者をよく観察して、どんなときにどのテクニックを使ったらよいかを考えるようにしましょう。

参考資料

市川伸一（1995）『学習と教育の心理学』岩波書店
宮川知彰・野呂正（1990）『放送大学教材 発達心理学』
（財）放送大学教育振興会

4 改善を広い視野でとらえる

　この本では、「教え方の改善」とは、今の教え方よりも効果的な教え方を考えて実践することであり、教師が自分の教え方をふり返って、問題や課題を解決するために新しい方法を取り入れ、その効果を確認することだと考えてきました。この章では、「改善」をもっと広い視点から見て、みなさんが教えている学校などの機関、機関がある地域、社会、そして日本との関係を見ながら「もっといい教え方」や「もっといい日本語教育」を考えてみます。

4-1. 自分のネットワークに目を向ける

　教師は、教室で授業中に学習者に対して日本語を教えていますが、「教え方を改善する」ヒントや材料は、教室以外の場所にもあります。次の図4に示したように教師はそれぞれの日本語教育ネットワークを持っています。ネットワークの中でどのように教え方を改善するヒントが得られるでしょうか。

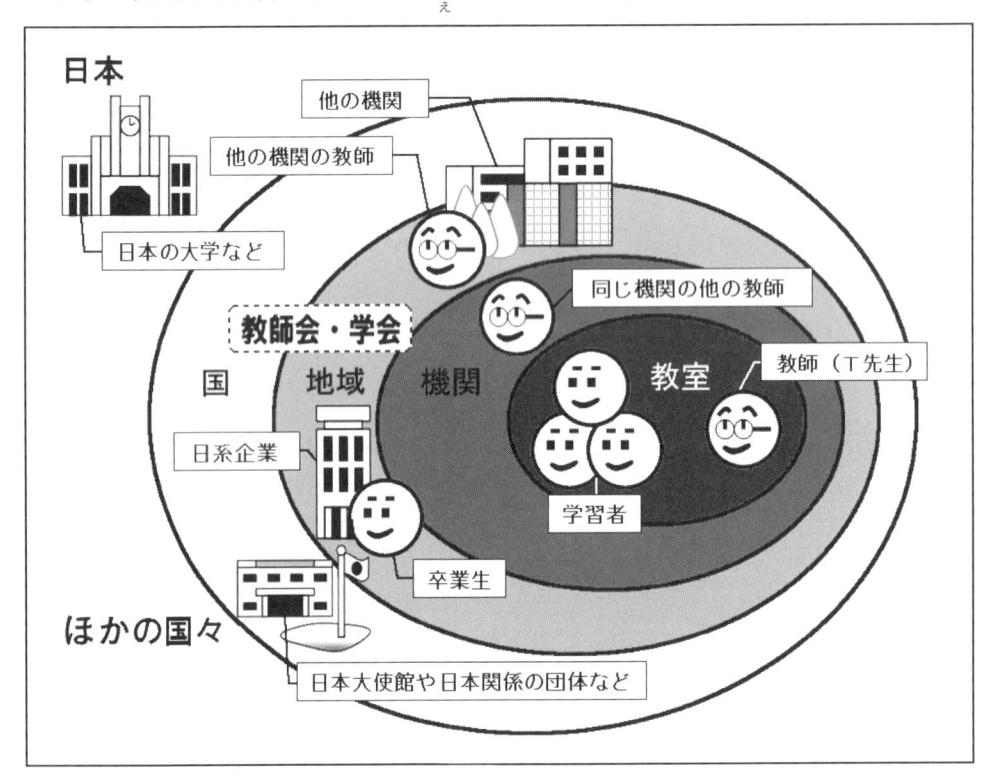

図4　T先生の日本語教育ネットワーク

T先生はある国の日本語教師です。T先生がどのような人や機関と関係を持っているか見てみましょう。まず、教室で学習者に日本語を教えます。T先生の機関にはほかにも何人か日本語教師がいて、教え方について相談したり学習者について話し合ったりしています。ときには、日本語以外の外国語教師と教材や教授法について情報交換をすることもあります。地域には、T先生の機関のほかにも日本語を教えている機関がいくつかあり、教師がいます。ときどき地域の教師が集まって勉強会を開きます。国には日本語教師会があり、教授法の研修会を開いたり、教師に情報を伝えるニューズレターを作ったりしています。T先生は現在、教師会のニューズレターを担当しています。

　毎年日系企業に就職する学習者がいるので、日本語学習の目的が日系企業への就職という学習者も多くいます。また、卒業後、日本語教師になる学習者や、日本に留学する学習者もいます。

　日本大使館や国際交流基金などの日本関係の団体が、スピーチ大会などの行事を行ったり、留学の情報を提供したり、教師研修会に日本から専門家を送ったりして、日本語教育を支援してくれています。

　このようなネットワーク図をかいて、自分の教室の外の環境を授業と結びつけて考えることには次のような利点があります。

　①教え方のふり返りを助けてくれたり、いっしょに問題解決を考えたりする人がどこにいるかわかる
　②新しい教授法や研究についての情報を集める場所や機会がどこにあるかわかる
　③学習者の卒業・修了後の進路や社会のニーズを確認することができる
　④日本人との交流の機会や日本についての情報がどこで得られるかわかる

【質問41】

あなたが日本語を教える上で関係がある人や機関にどのようなものがありますか。書き出してみましょう。

　例）人：学習者、同僚の教師…
　　　機関など：自分の所属機関、教師会…

やってみましょう

《課題13》
p.72の図4を参考にして、下にあなた自身の日本語教育ネットワークの図をかいてみましょう。研修やグループで勉強している人は、おたがいのネットワーク図について説明したり質問したりしてみましょう。同じ機関の人は相談しながらネットワーク図をかいてもいいでしょう。

4-2. 改善の先にあるもの

「教え方を改善する」ことの先にあるものは、自分が将来どんな日本語教師になりたいか、または日本語教師としてどんな仕事をしたいかを考えることです。最後に、もう一度教師としての自分のこれまでを思い出してください。そして、将来どんな仕事をしたいか考えてみましょう。

やってみましょう

S先生は、日本語教師になるまでと教師になってからのこれまでをふり返り、さらに、これから何をしたいかを書いてみました。

S先生の「これまで」と「これから」

年（歳）	したこと／したいこと	印象的なできごとや希望など
200×年 （16歳）	○○高校で第2外国語として日本語を学びはじめる。	ひらがなが読めるようになったとき、とてもうれしかった。
200×年 （18歳）	××大学で日本語を専攻する。	大学3年生のとき、交流プログラムで来た日本人の大学生と2週間いっしょに過ごした。
200×年 （21歳）	日本語教師をめざす。	
201×年 （22歳）	△△日本語学校の日本語教師になる。	先輩の教師に助けてもらいながら教えた。
201×年 （23歳）	地域の教師会の研修会に参加。	
201×年 （26歳）	国際交流基金日本語国際センターの教師研修に参加。	いろいろな国の日本語教師といっしょに勉強して、楽しかった。世界の日本語教育について知った。
201×年 （27歳）	地域の教師会で漢字の教え方について発表。	
〈現在〉		
202×年 （3×歳）	中級コースを教える。	読解の楽しさを学習者に教えられるようになりたい。
203×年 （4×歳）	中級読解の教材を作る。	

《課題14》

上のS先生の例にならって、まず日本語教師としての自分の「これまで」を書いてみましょう。

年（歳） とし	したこと／したいこと	印象的なできごとや希望など いんしょうてき　　　　　　　　きぼう
現在 げんざい		

　みなさんが「これまで」してきたことをふり返ってみて、「これから」の計画はどのようなものになるでしょうか。

《課題15》

教室で日本語を教えることのほかに、教師としての専門性が求められる仕事には次のようなものがあります。みなさんは、どの仕事に興味がありますか。将来やってみたいと思うのはどの仕事ですか。また、今教えている機関や地域で必要とされているのは、どの仕事でしょうか。

　a. 機関や国のシラバスやカリキュラムを作る
　b. 教科書や教材を作る

c. 後輩の教師を育てたり指導したりする（新しい教師を養成したり教師のための研修を行う）
d. 地域や国の試験問題を作ったりその結果を分析したりする
e. 日本語や日本語教育についての研究を行う（大学院へ行ったり留学したりする）
f. その他（S先生のように、教室で教える仕事についてでもよい）

　a～dの仕事の中には、大学院へ行くなどしてさらに専門的な知識や技能を身につける必要があるものもあります。また、地域や国の教育省などの公的機関の委員になったり専門官として転職したりする場合もあるかもしれません。

《課題16》

《課題14》の表の続きに「これから」を書いてください。その「これから」を実現するためには、どんな準備が必要ですか。また、どんな障害や問題があると思いますか。S先生の例のように考えてみましょう。

	S先生の例	私
(1)「これから」のために必要な準備（今、していることやこれからすること）	中級コースの教え方について、教師セミナーなどに参加して学ぶ。	
(2)「これから」を実現するために障害となること	中級コースを教えるのは初めてなので不安だ。	

この巻で学んだことをふり返ってみましょう

　この巻では、「教え方を改善する」ために必要なのは、(1) 日本語教育や関連分野の新しい知識や技能を学んで身につけること、(2) 自分の教え方をふり返ることの2つだと考え、特に(2)のために、教え方をふり返って課題や問題点を発見する方法、そして、さまざまな視点から改善案を考え、実行する方法を紹介してきました。

　改善のために教え方をふり返る際、大切なことは、できるだけ客観的にふり返ることです。それは、次の3つの考え方を意味しています。

①教え方に対する感想や判断について、具体的な理由や根拠をあげて考える
②コースや授業の目的や目標と照らし合わせて考える
③自分がとった行動について、なぜその行動をとったか、ほかのどんな行動の中から選んだのかを考える

　①〜③の方法でふり返る際に、学習者の意見や行動はとても参考になります。また、教え方を客観的にふり返ったり、ふり返って見つけた問題や課題の解決を考えたりするとき、自分1人では難しいことが多いと思います。この本の中のいくつかの課題で勧めているように、ほかの教師と話し合うことは新しい視点を得るためにとても役に立つ方法です。その話し合いは、おたがいに学び合ういい機会となるでしょう。

　読者のみなさんには、客観的に教え方をふり返って発見した、さまざまな問題や課題に取り組んで教え方を改善していってほしいと思います。

　最後に、教え方の改善は、1つの問題や課題が解決したら終わるものではないことを伝えたいと思います。教授環境や学習者の変化、教師の成長過程などによって、次々に新しい課題が出てくるからです（第1章）。教師の仕事は、次の図5のように教え方の改善とそのための学習をずっと続けていくことなのではないでしょうか。

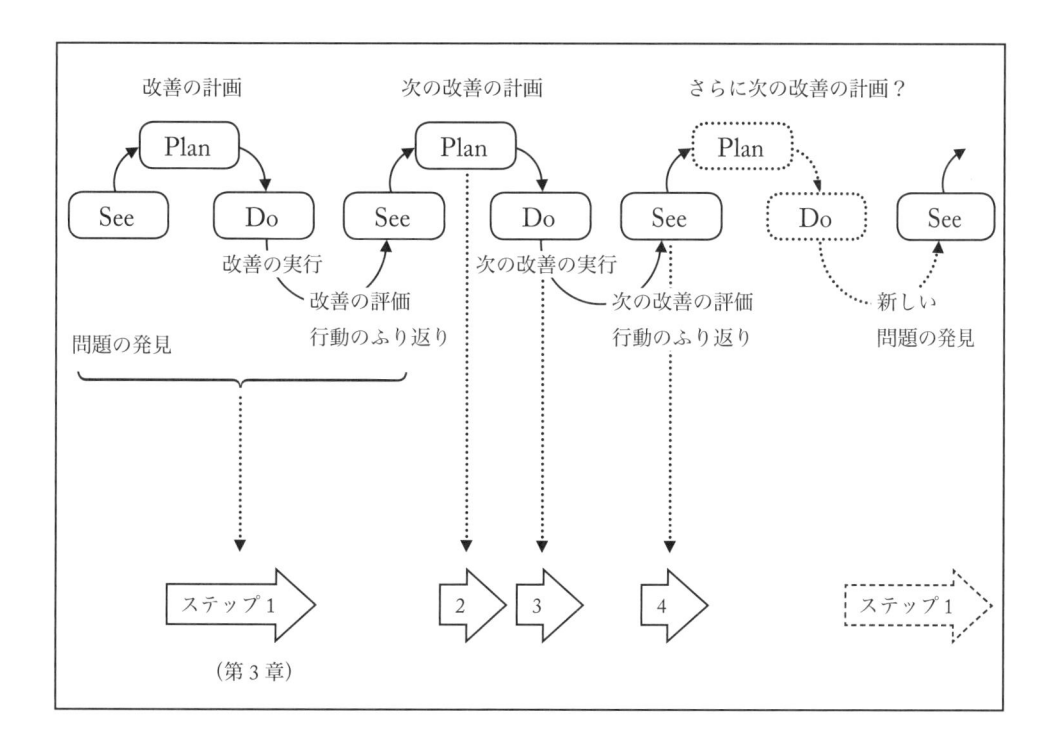

図5　教え方の改善の継続

《解答・解説編》

1 「教え方を改善する」とは

1-1.「教え方を改善する」とは

■【質問1】(解説)

　教師がかかえる問題は、発音や文法などの日本語の知識が十分でないことによるものとその指導法に関するもの、学習者の興味や関心・能力の向上に関するもの、レベル別・技能別の指導法など、さまざまです。こうした指導上の問題には、学習者のニーズやレベル、使用教材、教師の能力など、それぞれの教育現場の状況に応じた解決策を考える必要があります。

　また、⑥のように、具体的に解決の方法を考えるために、問題をとらえ直す作業が必要なものもあります。問題のとらえ直しを自分1人でするのは難しいので、ほかの人に相談をするとよいでしょう。自分の問題を整理して話すことや、質問してもらうことを通して、問題がとらえ直しやすくなります。

■【質問2】(略・本文参照)

1-2. 社会の変化と日本語教育

■【質問3】(略)

■【質問4】(解説)

　ヒントには、教科書が変わったA先生と、ITを使って授業をすることになったB先生を例として挙げました。このほかにも、教えている機関に、初級だけでなく中級のクラスができたり、会話のクラス、アニメやマンガを使って教えるクラスなどができたりすれば、そこで使う教材や教え方について勉強する必要が出てきます。教える内容や対象が変わり、自分にとって新しいことに取り組むとき、今までの自分の知識や教え方についてふり返り、新しい状況に対応していく必要があります。

■【質問5】（解説）

　日本語を長く教えていても、国や地域のシラバスやガイドラインをていねいに読んだことがないという人がときどきいます。シラバスやガイドラインには、外国語学習の目的や方法、学習者に何をどのように学ばせたいかについて書いてあります。自分の授業についてふり返るときに、シラバスやガイドラインに書いてあることと比べてみるのもよい方法です。

1-3. 経験からの学び

■【質問6】（解説）

　日本語を教えるために必要な知識や技能の中には、本を読んだり人に聞いたりして身につけられるものだけでなく、実際の経験を通して身につけられるものも少なくありません。ヒントに挙げた5つの項目がその例です。「③学習者の反応を見ながら、授業の進め方を調整する」を例にすると、教えはじめたばかりの教師は、よくできる学習者やいつも反応が遅い学習者といった特定の学習者の反応ばかりに目がいきがちです。クラスの学習者1人1人に注意して授業の進め方を調整できるようになるには、授業中に学習者1人1人をよく見るとはどういうことかを経験を通して知る必要があります。教師は、どのような経験をして成長していくのか考えてみましょう。

■【質問7】（解答）

　経験が短い順に、Y、X、Z。ただし、本文にも書きましたが、経験が短くても、経験の長い教師と同じ関心を持つ教師がいますし、その反対の場合もあります。

1-4. 教師としての自分を知る

■《課題1》（解説）

　同じような環境で教えている教師がグループで勉強している場合、教育ストラテジーがだいたい同じになることもあるでしょう。その場合は、自分たちが選んだのとは違う数字を選んで、その方法で教えることができないかを話し合ってみるとよいでしょう。たとえば、「1)①媒介語を使って、くわしい文法説明をする」で5か4を選んだ教師が多いグループだったら、媒介語を使わないで文法説明ができないか、文法説明をしない授業ができないかについて、話し合ってみるということです。

■《課題2》(略・本文参照)

■【質問8】(解説)
　《課題2》で確認した自分のビリーフと学習者のビリーフの違いについて、学習者にとっての学びやすさや学習効果の面からふり返るための質問です。本文では、発音に関するビリーフを取り上げて説明をしていますが、ほかの項目でも同様に考えることができます。たとえば、くり返して練習することが重要だ（⑦）という項目について、教師は重要だと考え、学習者はあまり重要ではないと考えていたらどうでしょう。文型練習を何度もくり返させる教師の教え方に対して、学習者はつまらないと思っているかもしれません。そのため、教師が期待するほど練習の効果が出ないかもしれません。その場合、学習者が積極的に授業に参加できるような練習のしかたを考えてみる必要があります。

1-5. 問題の発見と改善の流れ

■【質問9】(解答・解説)
A先生（③）、B先生（⑤）、C先生（④）、D先生（②）
　A先生は、変える必要があると考えましたが、クラス数や教師数はA先生には変えられないことでした（③）。B先生は、変えるための方法を考え、実行し、うまくいったと感じています（⑤）。C先生も変えるための方法を考えましたが、うまくいきませんでした（次の方法を考えるところまで書かれていないので、④）。D先生は、気づいたことは問題だが、コースの目的を考えると変える必要はないと考えています（②）。
　なお、授業日誌を使って教え方をふり返る方法は、2-1の(1)参照。

■【質問10】(略・本文参照)

2 教え方をふり返る

2-1. いろいろな方法で教え方をふり返る

■【質問11】(解説)
　いちばん最近の授業の経験を思い出し、その授業の(1)内容、(2)感想、(3)その感想の理由を、具体的に考えることで授業をふり返る練習をします。

■《課題 3》(解説)

実際に自分の授業をふり返るためのチェックリストを作ります。チェックリストを作るとき、自分がどのようなことを大事だと考えているかが確認できます。

■【質問 12】(解答)

(1) 教えている課の漢字を 12 字教えた。そのときに今まで習った漢字と組み合わせて、まだ習っていない熟語を見せて意味を推測させた。

(2) 意外なことに、漢字をよく勉強している学生はほとんどの熟語の意味を正しく推測できた。

(3) 漢字が苦手な学生も習った漢字からまだ習っていない熟語の意味をうまく推測できるようになるにはどうしたらいいかという課題を見つけた。

■【質問 13】(解説)

学習者に対するアンケートを行った経験について、①アンケートをする時期、②回数、③使う言語、④学習者の名前を書かせたかどうかを整理します。教師としてアンケートを行った経験がない場合、自分が学習者だったときに経験した学習者アンケートについて考えることもできます。

■《課題 4》(解説)

本文で紹介しているアンケートの例を参考にして、自分の授業をふり返るための学習者アンケートを作ってみます。アンケートを作るとき、学習者からどのようなことを聞きたいかを考えることが自分の教え方のふり返りにつながります。

■【質問 14】(解説)

研究や教師研修の一環で録画や録音をした経験のある読者もいると思います。その目的はいろいろだと思いますが、録画や録音から自分の授業について新たにどんな点に気づいたかを話すとよいでしょう。

■【質問 15】(略・本文参照)

■《課題5》（解説）
(1) 教室活動の指示はわかりやすいか

　録画から学習者の反応がいつもとは違った視点から見ることができ、自分の指示が十分に伝わっているか、学習者が迷わずに活動に参加できているかなどが確認できます。
(2) 学習者が言ったことをくり返して言うことが多いか

　教師は、答えた学習者だけでなくほかの学習者への心配や親切心から、何度も正しい答えをくり返してしまうことがあります。教師が学習者の答えを確認することは重要ですが、くり返す必要はありません。
(3) 学習者が間違えたとき、どのように反応しているか。

　教師がすぐに正しい答えを与えないで、学習者に気づかせたり考えさせたりするといいでしょう。
(4) よく言うことばがあるか（「はい」、「ええと」、「わかりましたか」など）

　日本語での応答（「はい」「そうですね」など）やフィラー（「ええと」「あのう」など）の使い方を知らせるために教師が授業中使うのはいいですが、必要ないのに使っていたり多すぎると間違った使い方を学習者が覚えてしまうおそれがあります。「ええと」などは、話すことをよく準備することで減らせるはずですし、わかりやすい説明をしたり学習者の顔をよく見ていたら「わかりましたか」と聞かなくても理解を確認することができます。

■【質問16】（略・本文参照）

■【質問17】（略）

■【質問18】（解答・解説）

　「(1) 学習者は目標となることを学んだか」に答えるために、あらかじめ授業の目標を聞いておく必要があります。見学する授業の流れがわかる教案があれば、(2)や(3)の質問にも答えやすくなります。

■【質問19】（解答例）
1) 授業はうまくいったか

　その授業で予定した内容を全部教えることができたか、学習者は目標としていたことが学べたか、教師の予想の範囲内の展開だったか、予想外のことがあっても授業の目標を変更することなく授業が進められたか、特に問題になることがなかったかなどから総

合的に判断できます。
2) 学習者は目標となることを学んでいたか

　学習者がその授業の目標達成を確認する活動がどのぐらいできたかで判断できます。
3) 学習者全員が授業に参加していたか

　発話量、教師の質問に対して学習者が反応していたかで判断できます。
4) 学習者にとっておもしろい授業だったか

　学習者の表情や授業への参加度からある程度判断することはできますが、学習者の本当の気持ちまではわかりません。

■【質問20】（略・本文参照）

■【質問21】（解答例）

　B先生は、学習者が自分から質問したり、自分の意見を言ったりすることが積極的に参加することだと考え、そのような授業をしたいと思っています。

■【質問22】（略・本文参照）

■【質問23】（解答例）

　B先生は、次のようなことに気をつけてF先生の授業を見るでしょう。
・F先生は学習者にどんな質問をしているか。
・質問をした後でF先生はどのように学習者が考えるのを待っているか。
・話す活動だけでなく、授業の中の活動に対して学習者はどのように参加しているか。
　学習者の積極性はどのように見られるか。

■【質問24】（解答）

　学習者よりC先生の方が多く発話しています。

■【質問25】（解答例）

(1) 学習者が正しく言えたとき、学習者の発話をくり返してから「いいですね。」「はい、いいですね。」などと言っています。
(2) 間違いがあったとき、学習者の間違った発話をくり返し、（おそらく質問するようなイントネーションで）問題があることを示しています。

【質問26】(解答例)

方法	長所	短所
①チェックリスト	思い出してチェックするだけなので、時間がかからない。同じ項目でチェックを続けると、変化がわかる。	事前にチェック項目を考えなければならない。チェック項目と授業の内容と合うように考える必要がある。
②授業日誌	その日の授業の内容によって書きたいことを自由に書ける。	書くのに時間がかかる。書く内容が授業によって違う。ふり返る観点がばらばらになり課題がしぼれないこともある。
③学習者アンケート	1人1人の学習者の授業の達成度やその他についての意見や気持ちを知ることができる。	アンケート項目や答え方を考えるのが難しい。学習者が正直に、率直に答えてくれるように学習者に十分理解してもらうことが必要。
④授業の録画・録音と文字化	教師が授業をしているときに思っていることや見えていること以外のことがわかる。改善につながる具体的な問題を見つけやすい。特に、文字化により改善のための教師の発話などについての具体的な問題を見つけやすい。	教師も学習者も緊張してふだんと同じではない可能性がある。録画や録音のための機材が必要。動きのある授業では、うまく録画や録音ができないこともある。特に、文字化の作業には時間がかかる。
⑤教師同士の授業観察	観察する教師も観察される教師も自分と違う視点や考え方に接することができる。	観察する教師の時間をとってしまう。教師同士の信頼関係が必要。

《課題6》(解説)

1回だけではなく、継続的にふり返るようにするためには、そのための時間、場所なども含めて考えるとよいでしょう。

2-2. 授業をふり返る

【質問27】（略）

Q 先生が授業で使ったテキスト

「日本人の食生活」

　2004年の調査によると、日本人の平均寿命は、男性が78.64歳で、女性が85.59歳だそうです。現在、日本は、男女共に世界一の長寿国として知られています。今のお年寄りが長生きである理由はいろいろありますが、この人たちが長い間続けてきた食生活とも深い関係があると言われています。つまり、長寿のお年寄りは、魚や野菜や豆腐を中心にした、日本の伝統的な食事を小さいころから続けてきたのです。

　けれども、日本人の食生活は、外国の影響を受けて、この30年ぐらいの間に大きく変わりました。東京などの大都市では、洋食や中華料理の店だけでなく、インド、タイ、ロシアなどのレストランも増えて、世界のいろいろな味が楽しめるようになりました。24時間営業のレストランやコンビニエンスストアも多くなり、忙しい人たちにとっても、大変便利です。

　その一方で、家庭の味や伝統の味を忘れてしまう人や、簡単な料理も作れない若い人たちが増えてきました。また、これまで大人の病気だと思われていた生活習慣病になってしまう子どもが増えてきて、問題になっています。今の日本の子どもたちの食事は肉や油を使った料理が多くなり、栄養のバランスがよくありません。お菓子やジュースもたくさんあります。インスタント食品やファーストフードを利用する家庭も多くなりましたが、こういうものは塩分や糖分が多いだけでなく、いろいろな添加物も含まれていて、健康にいいとは言えません。その上、今の子どもたちはあまり外で遊ばなくなったために、運動不足になって、生活習慣病になってしまうこともあるのです。

　このように、日本人の食生活は大変豊かで便利になった反面、そういう変化の中で、いろいろな悪い影響も出はじめています。これから毎日の食生活について見直していく必要があるかもしれません。

「みんなの教材サイト」https://minnanokyozai.jp/ より

【質問28】（略・本文参照）

■【質問29】(解説)
　学習者にとって実際の使用場面が考えられ、授業の中でもその活動が行えるような具体的な目標を考えるときには、国際交流基金が作っているJF日本語教育スタンダードの「みんなのCan-doサイト」(https://jfstandard.jp/cando)が参考になります。「Can-do」は、日本語の熟達度を「〜ができる」という形式で示した文です。学習の目標や評価の目安として利用するために使うことができます。

■【質問30】(略)

■【質問31】(略・本文参照)

■【質問32】(略)

■【質問33】(略)

■《課題7》(略)

3 教え方を改善するための活動

3-1. 1つの課題をみんなで考える

■【質問34】(略)

■【質問35】(解答例・解説)
(1)

見出し (テクニック)	記事のポイント (なぜやる気が出るか)	具体的な教師の行動 (教師は何をするか)
(a) ほめる・はげます	学習者には正しいかどうか不安だったり、積極的に試したい気持ちがあったりする。教師がきちんとフィードバックすることが重要。	「いいですね」「よくできましたね」などと言ってほめたり、「がんばっていますね」「よく勉強していますね」とはげましたりする。

(b)	テストをする	テストの目的はほかの人と比べることではなく、自分がどれぐらいできたかを確かめること。自分の勉強のしかたについて考える。	テストの目的を知らせる。テストの範囲をあまり大きくしない。学習者に自分の勉強のしかたが効果的かどうか考えさせる。
(c)	仲間意識を育てる	教室は日本語が使える場所である。クラスの雰囲気がいいと勉強が楽しくなる。	ペアやグループでの活動を取り入れる。ほかの人ができることに注目したり、学習者同士で説明を考えたりはげまし合ったりさせる。
(d)	1人1人を大切にする	自分を表現できた、自分のしたことが認められた、ほかの人の役に立つことができたと思えると、やる気が出る。	1人ずつ練習する。目立たない学習者に注意する。日本語の説明や絵、歌など学習者のよいところ（得意なこと）を授業に取り入れる。
(e)	学習者が興味を持つものを使う	内容が興味や関心に合っていたり、必要としていることならやる気がおきる。新しいもの、視覚にうったえるもの、人気があるものなどもよい。	関心のあるテーマや場所、必要としている場面、写真やビデオ、学習者に人気のある俳優やキャラクターなどを使う。
(f)	個人的なこと、本当のことを使う	教師や学習者のことや体験を利用する。日本で使われているもの、生教材を使う。	教師や学習者の家族の写真を使って家族の言い方を教える。日本語の看板の文字を読む。
(g)	ちょっと難しいレベルにする	簡単すぎても難しすぎても、学習者はやる気を失う。	少し難しいが、がんばってみようと思えるレベルにする。難しい内容を教えるときは、中間目標（途中の目標）を示して少しずつ教える。
(h)	活動の目的、ゴールをはっきりさせる	何を練習しているのか、何のために練習しているのかを学習者に知らせる。目的がわかると、学習者は自分の学習プロセスや成果を確認することができる。	目的や、何をどこまですればいいか、はっきり指示をする。

「やる気」を例にして、課題を多角的に見る練習です。教師研修やセミナーでは、下の手順のように、「授業のヒント」の記事を切り離して渡し、ジグソーリーディングにしてもよいでしょう。

　①自分たちの「やる気を引き出す」活動を自由に挙げる。

②1人またはグループに1つのテクニックの部分を渡して、読む時間を与える。
③それぞれが読んだことを全体に報告する。
④①であげた活動を8つのテクニックに分類する。
⑤気がつかなかった（参加者が取り上げなかった）テクニックについて全員で考える。

(2)

①学習者の気持ちや興味に働きかける	(a)(e)(f)
②学習者に前より上手になったことを知らせたり、達成感を感じさせたりする	(b)(g)
③授業を学習者にとって気持ちのいい時間にする	(c)(d)
④学習者に学習する意味や目標がわかるようにする	(h)

(3)（略）

《課題 8》（略）

3-2. それぞれの課題をみんなで考えて改善する

【質問 36】（略）

【質問 37】（解答例・解説）

教師	改善に結びつけたアドバイス	教師が学んだこと
K	b	学習者に、教師が自分のことを気にかけている（心配している）と知らせることが学習者の参加に影響を与える。
L	（なし）	同じ学習者、コースを教えている教師がおたがいの考え方や学習者の様子について話し合うことは大事だ。
M	a	学習者の希望を聞いたり、学習者が主体的な活動を行うことは大切だ。

この活動は、国際交流基金バンコク日本文化センターで実施した、タイ人現職日本語教師のための水曜研修の一部です。

　この研修では、参加者の教師がそれぞれの教育現場で「いい授業」への改善をめざし、そのためにおたがいに協力し合う授業を行いました。研修では、本文にある教え方の改善と、話す能力を伸ばす教室活動など講師による活動の紹介とディスカッションを行いました。このような活動を行うには、参加者間と参加者と講師の間の人間関係を作ることが重要です。講師は、活動紹介に加えて、話し合いができる雰囲気作り、人間関係作りの役割を担いました。くわしくは、引用・参考文献の八田ほか（2008）、八田（2008）を参照。

■《課題9》（略）

3-3. 改善を研究につなげて発表する―アクション・リサーチ―

■【質問38】（解答例）

ステップ1	(1)学習目標がコミュニケーションを意識したものになっていないこと、(2)意味を重視した活動を取り入れていないこと、(3)従来の授業構成が習得に結びつきにくいこと
ステップ2	改善案は、(1)コミュニケーションを意識した学習目標を設定すること、(2)意味を重視した活動を取り入れること、(3)第二言語習得過程に配慮した新しい授業構成を採用することの3点で、具体的には、ロールプレイと談話の学習とFocus on Formの考え方を採用した。
ステップ4	学習者からも教師からも肯定的に受け止められた。

■【質問39】（略）

■《課題10》（解説）

　ほかの教師の研究論文を読むことは、アクション・リサーチのプロセスの「③情報を集める」に当たります。論文は1本だけでなく複数読むことをすすめます。

■《課題11》（略）

3-4. みんなで学ぶ場を作る—研修会やセミナー—

■関係づくりのためのアイスブレーキングについて（解説）

アイスブレーキングの活動を考えるときに大事なことは、参加者にとって負担が少なく、安心して参加できる内容にすることです。日本語の点でも難しくなく、あまり親しくない人に話してもかまわない内容などがよいでしょう。授業や研修内容に関係があるものなら、なおよいでしょう。中心はあくまでも授業や研修なので、時間がかかり過ぎないこと、活動が複雑でないこと、ハンドアウトや道具などをなるべく使わないことも大事です。下に、研修会でも、授業でも使えるアイスブレーキングの例を紹介します。

1. アイスブレーキングの例

参加者の人数や会場の広さによって、活動を選ぶとよいでしょう。

(1) 順番に並ぶ：

①誕生日（年は関係なく1月1日から）、②自宅から教室（会場）までの時間、など。

(2) 地図を作る：広い範囲から参加者が集まる場合

・地図が準備できれば⇒自分が住んでいるところの地図にふせん紙やピンをつける。

・地図がなければ⇒会場を地図に見立てて位置関係を考えながら立つ。今いるところをどこにするか決めておくと、考えやすい。

(3) 自分と同じ人を探して名前を覚えたりサインをもらったりする（好きな色、誕生月、教授対象・レベル…）。

(4) 共通点でグループを作る（(3)と同じ）。

(5) 近くに座っている2〜4人で自己紹介をして話す（例：研修のテーマから思いつくことばを挙げる。4技能の中でどの技能の学習が好きかとその理由。自分の名前の由来など）

2. アイスブレーキングのアイディア探し

外国語教育の活動集のほかに、キャンプやレクリエーション関係やファシリテーション関係の本やウェブサイトも参考になります。

(例)「みんなの教材サイト」（https://minnanokyozai.jp/）の練習用素材

具体例）7-2 めずらしい経験など

「KCクリップ」日本語ドキドキ体験交流活動集のアイスブレイク

（https://kansai.jpf.go.jp/clip/activity/icebreak.html）

『日本語コミュニケーション・ゲーム80』ジャパンタイムズ

『続・クラス活動集131』スリーエーネットワーク

『日本語ドキドキ交流体験活動集』凡人社

■【質問 40】（略）

■《課題 12》（略)

4 改善を広い視野でとらえる

4-1. 自分のネットワークに目を向ける

■【質問 41】（略）

■《課題 13》（解説）

　ほかの教師とネットワーク図を見せ合うことで、今まで意識していなかった関係者や関係機関に気づくかもしれません。教師として経験を積み、機関でリーダー的な役割を果たす教師になっていくにつれて、機関全体（コースやカリキュラム）を考えると同時に、地域や社会の中での日本語教育の位置づけにも気づき、働きかける立場になることが求められる場合も出てきます。

4-2. 改善の先にあるもの

■《課題 14》（解説）

　「教え方を改善する」ことは、1人1人の教師が、日本語教育に関する新しい知識や技能を身につけながら、自分の教師としての考え方や価値観を確認し、今後どんな授業をしたいか、どんな教師になりたいかを考えることです。それは、長い目で見ると、教師のキャリア・デザインと言えます。教師としての自分自身のキャリアを考えるために、日本語との出会いから教師になったきっかけ、教えはじめた頃に直面していた課題、そしてその課題をどのように解決してきたかをふり返ることは意味があります。過去や現在とのつながりの上で、将来自分がどのような教師になりたいか、教室で教える仕事以外にも関心を持っているかどうかなどを確認します。

■《課題 15》(解説)

　教える仕事以外にも、日本語教育に関する研究や教材・テスト開発など教師経験が生かせる仕事はたくさんあり、さらにその分野について学ぶことが求められますが、教師経験と専門性をあわせ持った専門家がいることは、各地の日本語教育の環境を改善し、発展させていくことにつながっていくでしょう。

■《課題 16》(解説)

　現在の仕事の中で興味を持っていることや得意だと思うことから、将来の目標を見つけていくといいでしょう。目標を考えたら、そこに向かうために、身近なことから、具体的にできることを探して実行に移していってください。また、多くの場合、目標を達成するためには、障害となるものがあります。時間や情報の不足、経済的なことや周りの協力など、何が障害か、また障害を取りのぞくためにどうしたらいいかを具体的に考えたり、周りの人と話し合ってみるといいと思います。

【引用・参考文献】
さんこうぶんけん

CAG の会編（2007）『日本語コミュニケーションゲーム 80（改訂新版）』ジャパンタイムズ

浅倉美波・遠藤藍子・春原憲一郎・松本隆・山本京子（2000）『日本語教師必携　ハート＆テクニック』アルク

遠藤クリスチーナ麻樹・モラレス礼子松原・三浦多佳史・吉川真由美エジナー甲・武藤祥子（2007）『ブラジルで日本語を教える人の質問 70』日伯文化連盟

河野俊之・小河原義朗（2006）『日本語教師の「授業力」を磨く 30 のテーマ』アルク

国際交流基金（2006）「やる気を引き出す　授業のテクニック」『日本語教育通信』56 号
https://www.jpf.go.jp/j/project/japanese/teach/tsushin/bn/dw_pdfs/nk56_06-07.pdf

国際交流基金関西国際センター（2008）『日本語ドキドキ体験交流活動集』凡人社

高橋美和子・平井悦子・三輪さち子（1994）『クラス活動集 101』スリーエーネットワーク

高橋美和子・平井悦子・三輪さち子（1996）『続・クラス活動集 131』スリーエーネットワーク

中居順子・近藤扶美・鈴木真理子・小野恵久子・荒巻朋子・森井哲也（2006）『会話に挑戦！中級前期からの日本語ロールプレイ』スリーエーネットワーク

八田直美（2008）「国際交流基金バンコク日本文化センターによるタイ人日本語教師のための水曜研修―ノンネイティブ教師研修における学び合いと研修成果の教育現場での実践―」『国際交流基金日本語教育紀要』第 4 号 143-155　国際交流基金
https://www.jpf.go.jp/j/project/japanese/teach/research/report/04/pdf/11.pdf

八田直美・セーントーンスック＝プラパー（2008）「ノンネイティブ教師研修における小規模・相互学習型アクション・リサーチの試み」『日本語教育国際シンポジウム「東南アジアにおける日本語教育の展望」予稿集』136-140 タマサート大学教養学部日本語学科

横溝紳一郎（2000）『日本語教師のためのアクションリサーチ』日本語教育学会編　凡人社

吉田新一郎（2005）『校長先生という仕事』平凡社

吉田新一郎（2006）『効果 10 倍の＜教える＞技術』ＰＨＰ研究所

ラミレス・ハラ, ホセ・アントニオ（2009）「学習者が話せるようになる授業への改善の試み―ペルー日系人協会日本語・語学センターの初級を例に―」『日本言語文化研究会論集 5 号』83-110 日本言語文化研究会　http://www3.grips.ac.jp/~jlc/jlc/ronshu/2009/Jose.pdf

リチャーズ＝C＝ジャック・ロックハート＝チャールズ著　新里眞男訳（2000）『英語教育のアクション・リサーチ』研究社出版（Richards, Jack C. and Charles Lockhart (1996) *Reflective Teaching in Second Language Classrooms.* Cambridge University Press.）

Wallace, Micheal J. (1991) *Training Foreign Language Teachers -A reflective approach.* Cambridge University Press.

＜URL＞2019年9月24日参照

国際交流基金「日本語教育機関調査」

 https://www.jpf.go.jp/j/project/japanese/survey/result/index.html

国際交流基金「日本語教育シラバス・ガイドライン一覧」

 https://www.jpf.go.jp/j/project/japanese/survey/area/country/syllabus/

「KCクリップ」https://kansai.jpf.go.jp/clip/

「JF日本語教育スタンダード」https://jfstandard.jp/

「日本語教育通信」https://www.jpf.go.jp/j/project/japanese/teach/tsushin/

「みんなのCan-doサイト」https://jfstandard.jp/cando/

「みんなの教材サイト」https://minnanokyozai.jp/

「日本言語文化研究会論集」http://www3.grips.ac.jp/~jlc/jlc/essay.html

【執筆者】

阿部洋子（あべ　ようこ）
八田直美（はった　なおみ）
古川嘉子（ふるかわ　よしこ）

◆教授法教材プロジェクトチーム

久保田美子（チームリーダー）

阿部洋子／木谷直之／木田真理／小玉安恵／中村雅子／長坂水晶／築島史恵

※執筆者およびプロジェクトチームのメンバーは、初版刊行時には、
　すべて国際交流基金日本語国際センター専任講師

イラスト　岡﨑久美

国際交流基金 日本語教授法シリーズ
第 13 巻「教え方を改善する」

The Japan Foundation Teaching Japanese Series 13
Improving Your Teaching
The Japan Foundation

発行	2010 年 9 月 30 日　初版 1 刷
	2019 年 10 月 30 日　　　2 刷

定価	900 円 + 税
著者	国際交流基金
発行者	松本 功
装丁	吉岡 透 (ae)
印刷・製本	三美印刷株式会社
発行所	株式会社ひつじ書房

〒 112-0011　東京都文京区千石 2-1-2　大和ビル 2F
Tel : 03-5319-4916　Fax : 03-5319-4917
郵便振替　00120-8-142852
toiawase@hituzi.co.jp　http://www.hituzi.co.jp

Ⓒ2010 The Japan Foundation
ISBN978-4-89476-313-5

造本には充分注意しておりますが、落丁・乱丁などがございましたら、
小社かお買い上げ書店にておとりかえいたします。
ご意見・ご感想など、小社までお寄せくだされば幸いです。

■■■■■■■■■■■■■■■■■■■■ 好評発売中！■■■■■■■■■■■

日本で学ぶ留学生のための中級日本語教科書
出会い【本冊　テーマ学習・タスク活動編】
東京外国語大学留学生日本語教育センター 著　定価 3,000 円＋税

日本で学ぶ留学生のための中級日本語教科書
出会い【別冊　文型・表現練習編】
東京外国語大学留学生日本語教育センター 著　定価 1,800 円＋税

「大学生」になるための日本語 1・2
堤良一・長谷川哲子 著　各巻 定価 1,900 円＋税

日本語がいっぱい
李德泳・小木直美・當眞正裕・米澤陽子 著　Cui Yue Yan 絵　定価 3,000 円＋税

『おりがみ4か国語テキスト100』

※[1]〜[100]の100作品とともに提出してください
※申請料3,300円(税10%込み)を郵便振替で別送してください
※会員番号を必ずご記入ください

折紙講師認定申請書 *コピー不可

会員番号

すべてご記入ください

ふりがな		男・女	職業
氏名			生年月日　　年　月　日

ふりがな		電話(携帯)
住所	〒□□□-□□□□　都道府県	(固定)
		電子メールアドレス

日本折紙協会として色々なご協力をお願いする時の参考にいたします。
下記の該当項目に〇をつけてください。

1. 日本折紙協会主催の折り紙の展示会に作品を出陳したことがある。
2. 世界のおりがみ展のパノラマ作品を制作したことがある。
3. 特定団体の折り紙指導をしている。
4. 作品を新聞や雑誌に発表したことがある。
5. 折り紙に関したことでマスコミに取り上げられたことがある。
6. 折り紙作品の製図ができ、それを活用したことがある。(手描き・コンピュータ)
7. 日本折紙協会の折紙シンポジウムに参加したことがある。
8. 折り紙教室の講師をつとめたことがある。
9. 外国語で折り紙の講習ができる。(　　　　語)
10. おりがみ級制度で1級を取得した。

取得後の計画や希望についてお聞きいたします。
下記の該当項目に〇をつけてください。

1. サークル活動に力を注ぐ。
2. 地域講習会の講師をつとめる。
3. 協会派遣の講師をつとめる。
4. 協会への情報提供に協力する。
5. その他

ご意見があれば具体的にお書きください。

〈審査会記入欄〉

・作品受付日　　　年　　月　　日

・審　査　日　　　年　　月　　日(再提出作品　　　点)

・合格認定日　　　年　　月　　日

〈特記事項〉

7版

Application for Certification as Origami Instructor
Solicitud de la autorización de los lectores de Origami.
Demande d'autorisation d'enseiger l'origami.

Membership Number
Numero de Miembros
Le numéro de Nombre

*Please cut out this application form and submit it. Copies will not be accepted.

To: Nippon Origami Association   Date
A Nippon Origami Association   Fecha
A Adressée à Nippon Origami Association   Date

Full name of Applicant **Nombre y apellido de solicitante** *Nom et prénom du demandeur*		Sex: **Sexo:** *Sexe*
Nationality **Nacionalidad** *Nationalité*	Employment **Empleo** *Profession*	Birth Date **Fecha de nacimiento** *Date de naissance*
Permanent Address **Domicilio permanente** *Domicile légal*		
Mailing Address **Domicilio actual** *Résidence actuelle*		Emailing address